Ebook Gratis

Para Emprendedores, Marketineros, Webmasters, y cualquier Persona que tenga un Negocio Web, o quiera ideas de como Iniciar Ya su Propio Negocio en Línea.

Por Terry Dean

Recursos y Herramientas Modernas Para Emprendedores de Mercadeo Por Internet. Suscríbete Ahora al Boletín de MarketingModerno.com, Y Recibe Artículos, Ebooks, Recursos, Promociones, Y Material Valioso.
Solo entra a:
www.MarketingModerno.com

Sección Uno: Escoja un Negocio en Línea

Si usted alguna vez ha deseado tener su propio rentable, de bajo mantenimiento, pero no tiene ni idea de cómo iniciarlo, este producto fue creado para usted. Nosotros le presentamos 101 de las mejores Ideas de Internet Marketing, Tips, y Sugerencias, todas ellas puestas todas juntas en un solo paquete... Lea a través de este libro electrónico...
Estúdielas... Escoja el negocio que puede usted crear en línea y genere los ingresos con los que siempre soñó.

Este producto no es solamente para principiantes. También incluye algunas ideas las cuales puede usted usar si usted ya tiene un negocio muy exitoso o un web page. Nosotros vamos a incluir modelos rentables de los cuales puede usted aprender. Cualquier dueño de un web site puede encontrar varias maneras de atraer múltiples canales de ingresos en su negocio...
Utilice las ideas que encontrara aquí solo para crear múltiples canales de ingresos en cada web site en el que usted se encuentre inmerso.

A través de este curso hemos incorporado pequeñas pepitas de oro sobre las ganancias por Internet además de información que le servirá para cualquier negocio. Así que asegurase de leer cada una de las secciones... aun aquellas que no se enfocan en el negocio en el que usted este interesado. Una de las ideas en esta sección simplemente puede ser la clave para duplicar o triplicar las ganancias de su negocio.

1. La clave para ser exitoso en su propio negocio radica en escoger negocios que realmente que usted realmente disfrute lo que esta haciendo. Si usted odia hacer algo no importa que potencial tenga de generar ganancias, usted no será capaz de de dedicarle lo mejor de usted para poder ser exitoso. además, nadie quiere pasarse el resto de su vida haciendo algo que odia.

Eso es precisamente lo que queremos evitar. Ahora nosotros vivimos en la era del Internet y ahí hay cientos de miles de oportunidades esperando por usted. La clave es que usted realmente quiera hacerlo... no importa que tan tonto o raro suene al principio.

Sus amigos probablemente le digan que esta loco por trabajar en su sueño de Internet. Ellos probablemente se rían de su idea "rara", pero usted será el que se ría de ellos cuando tenga un ingreso de tiempo completo que proviene de lo que a usted le encanta hacer... y ellos están atorados en su trabajo de todo el día por el resto de sus vidas.

Permítame contarle una historia... En Indiana, vivía una mujer que trabajaba a diario 8 hrs., 6 días a la semana en una compañía de computadoras local. La llamaremos "Bárbara" por llamarla de alguna forma.

A Bárbara le costaba trabajo levantarse en la mañana, arreglarse para ir a trabajar, manejar hasta su trabajo, checar entradas y salidas. En pocas palabras odiaba su trabajo.
Ella había hecho una carrera en sistemas computacionales, pero ella apenas aguantaba ver la computadora. Todo en su miserable vida le empezaba a pesar. Apenas y podía soportarse a ella misma. Lo que mas le gustaba de el día era cuando sonaba el reloj para poder irse a su casa.

Salía corriendo a su carro... Manejaba lo mas rápido que podía para llegar a su casa... e inmediátamente después corría a su casa que hasta aventaba la puerta al entrar. Siempre esperaba ese momento del día. Por fin se podía relajar. Se sentaba en el sillón… juntaba a sus mascotas (2 perros y un gato) y les brindaba toda la atención que ella les podía dar. Ella ponía en la television el canal de "Animal Planet" y se sentaba a disfrutar mientas esperaba a que se terminara el día para empezar de nuevo. Todos los días era el mismo proceso.

Algunos días hacia una parada para poder ir a la librería para conseguir libros de "Cuidado de perros" y "Entrenamiento de perros". En su día de descanso (día maravilloso) ella y sus perros se iban a pasar todo el día en el parque . Todos esperaban por ese día de la semana y ese magnifico evento.

Debido a el tedio de su trabajo y el deseo que tenia de estar libre de el, decidió iniciar un negocio desde su propia casa. Sus amigas vendían Avon. Por azares del destino una de ellas ganaba bastante dinero como para dedicarle tiempo completo. Bárbara envidiaba a su amiga… Porque se levantaba para trabajar a la hora que quería y además tenia un negocio que le encantaba realizar. Siempre la veía contenta Entonces un día tomo el control de su propio destino. Ella empezaría también su propio negocio.

2. Bárbara tomo el reto… además por solo $25 dlls se decía a si misma…"Que tengo que perder?"… Trabajaría para ella misma y hacer su propia vida. Así que rápidamente empezó a hacer todo lo que su patrocinadora le decía…Hizo su lista de contactos. empezó a contactarlos a todos de uno por uno… Hizo todo lo necesario para poder iniciar lo mas rápido posible.

Bárbara empezó a ganar un poco de dinero… (Siempre se empieza con poco en su propia casa), pero algo faltaba. Ella aun tenía su trabajo… Tenia su propio negocio en su casa y empezó a ganar un poco de dinero por medio de el… PERO ahora tenia menos tiempo que antes para poder hacer las cosas que a ella le gustaban.

Sus días de descanso iban y venían… Tenía juntas a las cuales asistir de su nuevo negocio. Sus perros se quedaban solos en casa y en sus ojos se veía que se preguntaban que pasaba. Bárbara estaba ganando mas dinero ahora , pero tenia menos tiempo que antes.

Ahora después de toda la excitación de su nuevo negocio se fue enfriando, el teléfono se volvía mas pesado de usarlo. Era muy pesado regresar a casa después de trabajar cada día y tener que realizar un segundo trabajo… inclusive si es propio.

Un día, su patrocinadora renuncio y ella ya no tuvo quien la ayudara ni la motivara. Ese fue el punto final. No podía seguir haciéndolo. Regreso a la misma rutina de siempre sintiéndose culpable de haber fallado en su empresa

Tiempo después el mismo proceso ocurrió, se unió a otra "oportunidad" de negocio desde casa, solo tiempo después darse por vencida y renunciar porque simplemente ya no podía mas. Cada vez se sentía mas culpable de no poder dar al ancho en su negocio.

Cada vez que esto sucedía ella terminaba exhausta en su sillón. La cosa mas curiosa era que la respuesta a su problema estuvo bajo su nariz todo el tiempo.

Su problema era que ella trabajaba en un empleo que odiaba. Ella buscaba una salida y otros le prometían una solución que simplemente no era para ella. Ellos hacían dinero porque les gustaba. Ella en cambio solo hacia un poco de dinero porque tampoco le gustaba su otro trabajo. Solo trabajaba un poco y después renuncio porque tampoco le gustaba eso.

Para ellos es una forma de vida y una pasión. Para ella era solo otro TRABAJO. Su pasión era por sus mascotas, pero ella gastaba tiempo tratando de seguir la pasión y los deseos de otras personas.

Para no ir hacer la historia mas larga les diré que… El problema de Bárbara es que ella estaba tratando con el negocio EQUIVOCADO para ella. Ella debió de haber iniciado un negocio sobre lo que a ella la apasionaba, en lugar de intentar con las pasiones de otras personas.

3. Ese es su problema? Si usted no puede esperar para dejar su trabajo para poder ir a su curso de golf, pero en realidad esta tratando de vender artículos para la salud, entonces no le resultara. Si usted se quiere pasar todo el día en el jardín, pero vende maquillaje, déjeme decirlo que esta muerto antes de empezar. LA MEJOR FORMA DE PRODUCIR UN ESTILO DE VIDA QUE REALMENTE DISFRUTE ES HACIENDO LO QUE USTED REALMENTE AMA!.

Quitase la venda de los ojos… Quitase todas las limitaciones. Que es lo que realmente le gusta hacer? Cuales son sus hobbies? En que es lo que usted piensa cada vez que tiene un tiempo libre? Ese es el NEGOCIO para el que fue hecho… No me diga que no puede ser.

Solamente le diré que piense en como hacerlo.

Regresemos a Bárbara, que debe hacer ella? Que tal ser una cuidadora de mascotas? Una caminadora de perros? Una guardería para perros? Una criadora de perros? O entrenadora de perros? Podría escribir libros sobre entrenamiento de perros, o de crianza de perros. Eso puede ser un negocio de información. Puede ser un negocio de servicios

No se ponga o deje que los demás le pongan limitaciones. No me diga que no puede hacerse! En TV, hace poco que escuche sobre una PANADERIA para perros que solo vende bocadillos gourmet para perros. Lograron vender mas de un millón de dólares en ventas y 20,000 clientes por correo además de los que tenían en su tiendita.

Si usted realmente lo ama, encontrara una forma una vez que empiece a pensarlo!
Para la mayoría de los que leen esto, probablemente estén en el negocio equivocado. Están ganando dinero (o no están ganando dinero, eso no importa), pero no son felices. Bueno, ahora al menos lo sabe. Un día por fin lo encontré y le estoy diciendo la verdad aunque no le guste.

Encuentre su AMOR y encontrara el éxito. Si, es difícil empezar. Es difícil en cualquier negocio que inicia, pero si su negocio es realmente su pasión, su hobbie, entonces USTED HARA que realmente funcione y no renunciara cuando haya dificultades, porque le ENCANTA.

Tome mi test rápido y hágame saber como funciono para usted…

1. Le cuesta trabajo dejar la cama cada mañana?
2. Usted constantemente desea obtener de alguna manera su independencia?
3. A intentado anteriormente lagoon negocio en casa y ha fallado en el?
4. Usted se pregunta si su vida tiene algún propósito?
5. Usted desea poderle dedicarle mas tiempo a su hobbie que a su trabajo?

Si la respuesta es "SI" a cualquiera de estas preguntas, usted tiene algo en que pensar respecto a su futuro.
Si la respuesta es "SI" a todas ellas, realmente tiene que hacer lago al respecto rápido!
Este libro puede ser la clave que le ayude a tomar el siguiente paso en su vida…

Negocios 1 al 10: Construir su Propia Comunidad en Línea

La mayoría de la gente acaba de comprar un espacio en la red, ha colocado algún anuncio para promocionar este o aquel producto, y se sienta a esperar que los millones lleguen. Yo le diré de una vez por todas en este curso…. Esa táctica no funcionara nunca!

Si quiere triunfar en línea, tiene que poner algo de estrategia, tema, un centro mundial, o una comunidad en línea, eso no importa. Eso es exactamente lo mismo. Usted debe construir un sitio que tenga como foco central una necesidad especifica, lo que sus prospectos QUIEREN. Entonces, solo encuentre los productos que se relacionen con ese tema.

Agregue algún bono gratuito a su sitio. Siguiendo el tema que ha desarrollado, puede crear un reporte en el, iniciar un tablero de mensajes, o una revista electrónica (ezine). algún tipo de programa de software puede ser agregado a su pagina para ayudar a las personas sobre ese tema en especifico.

Si los buscadores en línea fueran su tema, usted podría poner un programa de software en su página el cual envié páginas web a los diferentes buscadores para facilitarles así a ellos una determinada búsqueda, y sus visitantes podrían usarlo gratuitamente.

Así, estos tres puntos clave le crearan un ingreso a CUALQUIER web site y a CUALQUIER tema:

1. Tenga un producto que la gente necesite
2. Obséquieles algo en su página concerniente a el tema.
3. Tenga múltiples respaldos o productos de soporte relacionados a ese tema.

Yo se de personas que son brillantes estrategas acerca de el marketing online que logran un éxito sorprendente aun que sus tácticas actuales son mas o menos las adecuadas. Ellos emplean fuera del diseño de el web site , los registros de buscadores, campañas de linking, y el copywriting.

Es un hecho, una de esas mentes brillantes en una ocasión me menciono eso, "El concepto es mas grande que la copia". En otras palabras, la correcta estrategia de marketing puede superar problemas leves en cuanto al copywriting, inclusive en el cumplimiento de los planes. Inclusive el mejor copywriting de el planeta no lograra tener éxito si su concepto o estrategia son pobres.

Un contratista no puede nunca considerar iniciar un trabajo o un proyecto sin tener un plano detallado en sus manos. No importa que tan bueno sea en seguir los planos, sin los planos están mal.

Para muchas personas, su negocio de Internet esta exactamente en el mismo estado. Tienen muchas de sus tácticas de Internet listas, pero aun no han desarrollado una estrategia poderosa para apoyar el proceso completo.

5. Así que exactamente como escogió usted la estrategia para construir su Imperio de Internet Marketing? Mas adelante usted encontrara un proceso de tres pasos para ayudarlo a desarrollar su estrategia completa. No quiero sobre complicar el proceso de ninguna manera, pero quiero ayudarlo y crearle ideas acerca de ello. Sus tácticas actuales que lleva a cabo día a día deberán ir encaminándose hacia su nueva estrategia general.

PASO UNO: Cree Su Tema Central para Su Negocio en Línea

Usted no puede desarrollar un negocio alrededor de un solo producto. Aun si usted esta promocionando en especifico un solo producto, si ese no es el producto que la gente quiere.

Ellos quieren los BENEFICIOS que reciben por ese producto. Cuando diseñe su página, piense acerca de el "Beneficio Final" sobre el cual su sitio será construido.

Primero escuche la frase "El Beneficio Final" de el Dr. Jeffrey Lant y ahora lo recuerdo y lo llevo conmigo siempre. Ahí también deben estar siempre el "QUERER" y las "METAS" que sus prospectos tienen continuamente. Los Beneficios Finales son cosas como: mas dinero, perder peso, ser sexualmente atractivo, auto-defensa, etc.

El Beneficio Final es aquel que sus prospectos están buscando realmente. Así que, no base su negocio solo en productos. Base su negocio en el Beneficio Final. Ese debe ser el tema que regirá todo lo que usted haga en su sitio . Eso es lo que hará que su sitio sea reconocido. Es el porque la gente regresara a su sitio una y otra vez siempre.
Que es lo que sus prospectos quieren como resultado final?
Mas Dinero
Mejor Salud
Perder Peso
Etc.

Una vez que usted tenga definido su "Beneficio Final", ahí es en donde entraran los productos. Usted querrá proveer múltiples productos que lo lleven a el mismo Beneficio Final. Esto le ayudara a crear "múltiples Canales de Ingreso" todos ellos generados desde un mismo web site.

Que compañía de Internet conoce usted que solo tenga un producto? Pues le aseguro que ninguno de ellas tendrá éxito si es así. Aun las paginas que aparentemente tienen un producto principal todavía tienen docenas de canales de ganancia diferentes, las cuales se originan de el producto principal.

Su misión en línea es ayudar a las personas a alcanzar sus metas finales, y esto no puede ser logrado solo con un producto. Esto lleva una variedad de productos para lograr esa meta. Una advertencia que le quiero mencionar aquí es que su sitio será mas exitoso si usted tiene un producto CLAVE. Probando múltiples sitios de productos y sitios que se enfocan a una producto clave, he encontrado que los sitios con un producto clave venderán mas que otros sites a largo plazo en la mayoría de las veces.

6. Así, que absolutamente es mejor enfocarse en un producto principal, y después tener muchos productos de soporte o complementarios los cuales le ayudaran a sus clientes a alcanzar sus metas. Este tipo de sistema es referido frecuentemente como un embudo del marketing. Tal vez usted venda un libro acerca de Anuncios Clasificados, pero también

deberá tener consultorios, seminarios, cintas de audio y servicios de escritura para poder apoyar el tema.

Si usted esta vendiendo web sites como su producto clave, también debe vender libros de marketing por Internet, diseño de paginas web, Programación, etc. Si su tema es perder peso, su producto clave podría ser un producto nutricional. Pero también debería de vender libros sobre perdida de peso y de ejercicios. Podría iniciar una revista electrónica. También podría ofrecer consultorios personales a individuos específicos.

Además usted no necesita tener todos los productos por usted mismo. Muchos de ellos pueden ser comprados por medio de alianzas con otras compañías las cuales tienen los productos que usted sabe que sus clientes necesitan.

PASO DOS: Desarrollar un Aspecto Único para su Negocio… su USP

Su negocio no debe ser de el tipo de "yo también". Usted necesita desarrollar algún tipo de distinción, algo que lo haga único… algo que lo separe de el resto de la competencia en línea. Debe de crear una "Posición Única de Venta" USP (por sus siglas en Ingles "Unique Selling Position ") que lo haga salir de el montón de negocios que existan en línea.

Por ejemplo, hay muchas personas vendiendo libros en línea. Como hizo Amazon.com para ser la librería mas conocida en Internet? Ellos desarrollaron un USP el cual simplemente dice que son "La librería mas Grande del Mundo" y eso es exactamente lo que ellos son.

Ellos lograron y establecieron exactamente una frase que los hiciera únicos respecto al resto de las librerías en el mundo. Como puede usted crear su propio USP? Probablemente usted no tendrá la mas grande selección de nada en su negocio, dado que estará apenas iniciando desde su casa un pequeño negocio. Pero déjeme darle una pequeña formula que puede utilizar y que le ayudara muchísimo en la creación de un USP para su negocio.

Para encontrar su USP, tome una hoja de papel en blanco. En la parte superior de la hoja, escriba "Yo de lo que mas se es de _____…" Ahora, en la parte media de la hoja escriba "Bueno, lo que hago es _____…"

Quiero que escriba como son la mayoría de los negocios de su ramo en la primera sección. Ahora, quiero que escriba que es lo que puede ofrecer diferente de ellos. Evite utilizar palabras como calidad o mejor servicio, porque este tipo de palabras en realidad no significan nada A MENOS que usted sea especifico en su descripción. Esto probablemente le tome un tiempo para hacerlo. Dese a usted mismo un par de días para pensar al respecto. después escríbalo.

7.A continuación, quiero que resuma la pagina completa en una sola frase o enunciado. Esto también le tomara trabajo. Procure mejorar la frase tantas veces como sea necesario para encontrar las palabras exactas. Una vez más, esto le tomara algunos días. Piense en ellos cuando maneje, coma, etc. Hágalo hasta que encuentre las palabras exactas, y ese es su nuevo USP el que lo separara a usted de el resto de su competencia.

Úselo en su firma electrónica dentro de su página… úselo en su página, úselo en publicidad y anuncios. Haga que se convierta en la fuerza guiadora de su negocio en línea que lo distingue como la persona ideal en esa área especifica.

PASO TRES: Concéntrese en Construir Relaciones con sus Prospectos.

Para desarrollar completamente un negocio en línea, usted requiere de maximizar sus relaciones con la gente. Aun que su meta sea que su negocio por Internet este listo para correr en piloto automático (auto-pilot), usted debe de recordar todo el tiempo que usted esta teniendo contacto con personas reales. La credibilidad en línea es un asunto de alta prioridad porque por ahí hay muchos operadores de Internet queriendo hacerse ricos de la noche a la mañana.

Para ayudarlo a desarrollar esa credibilidad con sus prospectos, su estrategia general debe de incluir herramientas como ezines, tableros de mensajes, chats, programas de distribuidor, etc. Mucha gente continua preguntándose porque aparecen suscripciones a revistas en cualquier parte… es simplemente porque funcionan. Le ayudaran a desarrollar relaciones que usted necesita con sus prospectos. Usted será capaz de contactarse con sus prospectos una y otra vez. Proveyéndolos de información útil y positiva.

Lo mismo sucede con los tableros de mensajes. Una vez que haya trabajado con ellos para tener un cierto numero de trafico, las mismas personas regresaran día tras día para aprender de usted y de algunos otros expertos que usted logre conseguir para que escriban en su tablero.

Use su imaginación y desarrolle otros servicios gratuitos como estos para desarrollar su web site y relaciones en línea. Que tal si usted realiza alianzas con otros negocios? Que tal si ofrece una conferencia mensual por teléfono referente a su campo? Su negocio en línea esta limitado únicamente por su imaginación!

Una Comunidad de Internet Puede Ser Construida Acerca de CUALQUIER Producto o Servicio que Usted se Pueda Imaginar!

Mas adelante vamos a darle 10 ejemplos de comunidades que usted puede construir, pero estas son solo ejemplos. Usted puede construir una comunidad de Internet alrededor de LO QUE SEA! Que le interesa a usted? Sobre que le interesa aprender y capacitarse? Cuales son sus pasatiempos? Cualquiera que sea su respuesta a estas preguntas puede ser un TEMA sobre el cual basar su web site.

8.Vaya a cualquier tienda de revistas local y mire las revistas. Cada una de esas revistas fue construida alrededor de un mercado de consumidores específicos sobre ese tema. Usted fácilmente compare el diseño exitoso de su web site con esas revistas.

Seleccione una revista y estará sosteniendo en sus manos una idea completa para su web site. Los artículos le mostraran el tipo de información gratuita que su mercado esta buscando. Los anuncios que aparecen en ella mes tras mes le mostraran los productos que los consumidores compran. Esta es la forma mas simple de encontrar el tipo de temas que le interesan a usted… que revistas hay en su casa?

10 Comunidades que Puede Usted Construir:

1. Internet Marketing
Este mercado aun esta CALIENTE... y así continuara por años mientras mas y mas negocios se generen o se cambien a la web cada día. El principal problema para construir una comunidad en esta área será el crear su USP. Hay miles de sitios por ahí vendiendo productos de Internet Marketing, servicios o información. Así que si usted va a esta área, usted debe encontrar un nicho de mercado muy definido y/o proveer muchísima información gratuita o servicios que rompan el molde de el resto de los demás sitios.

2. Copywriting
Todos los negocios necesitan aprender mas sobre copywriting... y nunca se termina de aprender. Para esta área, usted necesita iniciar con todo tipo de reportes gratuitos mas posiblemente encontrar programas que puedan complementar la redacción de anuncios o hacerlos mas sencillos. Una vez mas como en el #1 anterior, usted se encontrara a si mismo con un mercado muy competitivo con miles de competidores. Esto no significa que usted no pueda desarrollar algo único en su sitio. Solo estoy diciendo que usted deberá trabajar mas duro para lograrlo. Por ejemplo, Yo conozco a un copywriter en línea que se separo a si mismo de el resto de los demás llamándose a si mismo "El Primer Cybercopywriter de el Mundo" mostrando que el escribió específicamente para el Internet

3. Estar en Forma
Para ver que tan caliente esta este mercado, solo prenda la televisión y vea todos los comerciales por algunos minutos. La mayoría de los comerciales e infomerciales se basan en productos nutricionales, aparatos de ejercicio y nada mas. Usted puede construir una comunidad en línea alrededor de un programa de dietas especificas, programas de ejercicios, o programas nutricionales. Tableros de mensajes, ezines, chats y mas serán excitantes para sus prospectos en cualquiera de estas áreas. además hay muchísimas compañías que le permitirían ser a usted distribuidor de sus productos y venderlos en línea en su pagina.

9.4. Comprar y Vender en Subastas en Línea

Esta es otra oportunidad de negocio con la cual las personas se emocionan. Usted puede crear una comunidad que se enfoque en un tipo especifico de compras (subasta en línea, subastas locales, ventas de garage, subastas de gobierno, etc.) o en un producto especifico (coleccionables, herramientas, muebles, propiedades, etc.). Entonces, usted puede tener foros en línea, entrenamientos, clasificados (para vender todos esos productos) en los cuales usted puede obsequiar algunos anuncios (los mejores anuncios y los que van al principio son los anuncios pagados). Usted puede enfocarse fácilmente en un tipo especifico de compra-venta y convertirse en un Web Site Principal sobre un nicho de mercado especifico.

5. Boletines de Prensa
Usted puede construir una comunidad alrededor de boletines de prensa para otros negocios en línea. Incluyendo reportes informativos gratuitos para que la gente diseñe sus propios boletines de prensa. Ponga un tablero de mensajes y una ezine con tips. Ahora, venda cursos sobre de boletines de prensa, servicios, listas para contactar publicistas.

6. Productos de Belleza
Vaya a su puesto de revistas mas cercano y vea el numero de revistas que caen dentro de

esta categoría. Hay docenas de ellas (o cientos dependiendo de la tienda). Usted puede encontrar un nicho de mercado especifico y enfocarse a el. Puede encontrar un producto primario y después encontrar cientos de productos de soporte que ofrecer!

7. Auxiliares de Cocina
Que tal los artículos de cocina nuevos o libros de cocina. El mayor reto en esta área será asegurarse que vende productos que NO pueden ser conseguidos en las tiendas locales. Productos nuevos o libros de cocina puedes ser extremadamente CALIENTES, pero por ahí hay muchos productos similares que venden en las tiendas por menos de lo que se venden por correo. Para ideas en esta área mire algunos infomerciales que vendan artículos de esta naturaleza. Puede iniciar una newsletter sobre "La Receta de el día" o un tablero de mensaje para intercambiar recetas…ambos casos pueden ganar popularidad en este mercado.

8. Automóviles
Este ramo es enorme, usted puede tener con respecto a los autos solo en esta categoría, pero tomemos unas cuantas. Usted podría vender autos en línea, ya sea que compre y venda, o que le paguen una comisión sobre la venta, o con anuncios pagados, puede vender también modelos a miniatura, libros, accesorios, etc. Productos para tratamientos para gasolina y otros varios productos que puede usted manejar.

9. Golf
Ningún otro deporte ha ganado tanta popularidad en los últimos años, pero también cualquier otro deporte puede ser un buen tema, pero nos enfocaremos en una idea a la vez.

Con tantos entusiastas de el golf por ahí, todos tratan de mejorar su juego de cualquier forma que sea necesaria, este es un buen mercado. Así que, si a usted le gusta mucho el golf, considere poner un sitio web sobre como bajar su score: Puede vender clubs, libros, videos… las discusiones pueden incluir a algún golfista profesional para que comparta tips. Hasta podría incluir videos en línea para asesorar a los golfistas.

10. AutoDefensa
Que tal un sitio sobre autodefensa? Podría ser sobre autodefensa para niños, mujeres, profesionistas, elementos de seguridad privada, etc. Ya tiene una idea. Escoja un nicho de mercado en su área y venda libros, videos y equipo para ayudar a la gente a defenderse. Con la ola de violencia incrementándose, este es un mercado que no desaparecerá. Una idea para un ezine podría ser el Tip de defensa de las semana (o de día). Mostrando como evitar confrontaciones peligrosas… un tablero de mensajes puede ser iniciado con el mismo tema.

El Web Site Marketing es Construir una Comunidad.

Podría escribir una lista con cualquier negocio que se nos ocurriera en esta sección, porque el Internet marketing se trata simplemente de construir una comunidad. Construir una comunidad alrededor de una tema especifico o un nicho de mercado. Utilice alguna de las ideas en su negocio para ayudar a construir relaciones con sus prospectos y mire como sus ventas se elevan!

Negocios 11 al 20: Crear un Servicio Gratuito

Que va primero… el producto o el web site? Mucha gente consigue la carreta antes que el caballo. Tienen un producto que vender y buscan gente a quien venderle. Usted sabe que tan fácil es si usted empieza con personas que quieren comprar algo primero… y después ofrecerles el producto que ellos QUIEREN? Solo porque usted no tiene un producto no significa que no pueda iniciar un web site. Selecciones un mercado objetivo… consiga un sitio… consiga Trafico… y después podrá conseguir también un producto que ellos quieran o puede vender espacio para publicidad. Yo escogería un sitio con trafico en vez de una persona con un buen producto. Productos "HOT" hay en todas partes. Web sites con trafico en un mercado especifico son GARANTIA de éxito cuando el producto adecuado se introduce a ellos.

Es un hecho, Yo conozco muchos web sites exitosos que ganan mas de 10,000 dlls mensuales y no tienen un producto que vender. Ellos promueven los productos de otras personas. Una vez que tenga el mercado, hay docenas de personas listas y esperando para que usted les venda sus productos a sus clientes.

Usted puede también diseñar un web site ofreciendo todo absolutamente GRATIS con un propósito en mente… construir una comunidad grande de personas que le den su dirección de email y además visiten su website una y otra vez. Mucha gente ha encontrado que esto es cierto y han creado sitios que ofrecen información gratuita, enlaces a todo tipo de recursos en una determinada área, poder bajar software gratuito, o software que puedan usar en su sitio gratuito.

11.La gran clave aquí es construir un lista de emails opt-in de su visita utilizando cualquiera de los servicios de auto respuesta en línea.

Construya una herramienta que ayude a todos en su mercado y sus clientes vendrán. Piense acerca de algunas ideas que puedan surgir en esta área. Puede ser tan simple como crear una pagina que contenga enlaces o links a los mejores recursos en una cierta área.

Encuentre los mejores recursos en cierta área y pregunte si puede comerciar enlaces con ellos (muchos de ellos se mostraran complacidos de comerciar links con su sitio). Construya una base de datos de esos enlaces a cientos de sitios diferentes en línea y mira su trafico despegar.

Todo lo que usted tiene que hacer es seleccionar un nicho de mercado con un tema especifico. Nosotros normalmente tratamos de hacer las cosas mas complicadas y yo lo que quiero es que quite toda la basura y decirle la verdad sobre lo simple que es hacer dinero en la web. Aquí le diré un dicho simple: ***"Construya un Sitio que le De a la Gente lo que Ellos Quieren!"***

Usted no puede solo escribir una carta de ventas y esperar ganancias. Usted tiene que:
1. Encontrar un mercado. Mire en su puesto de revistas local para ayudarlo a encontrar uno si esta teniendo problemas. Le garantizo que cualquiera que sea su pasatiempo o sus intereses, habrá otras personas con los mismos intereses también.
2. Encuentre lo que ellos quieren. Haga usted esto preguntándoles. Mire los tableros de mensajes o grupos de noticias que actualmente cubren su tema o temas similares. Haga una búsqueda por su tema en Google con las palabras "_____ discussion

board" en donde el espacio en blanco se llena con el tema de su interés.
Encuéntrelos e inclúyalos en su carpeta de favoritos. Ahora simplemente vaya y lea los mensajes y pregunte que es lo que la gente o que es lo que ellos creen falta en su mercado en línea.
3. Déselos. Una vez que usted sepa que es lo que la gente quiere, déselo. Diseñar una pagina que sea justo lo que ellos están buscando. envié mensajes de prensa, menciónese en grupos de noticias, comercialice enlaces con otros sitios, y empiece a crecer.
4. No quiero sobre simplificar las cosas, pero en la mayoría de los casos, esto es así de simple. La parte mas difícil es darles "lo que ellos quieren". Probablemente necesitara encontrar un programador para crear o alguien que la escriba, pero es exactamente lo que la gente quiere y le creara trafico para siempre, así es como trabaja esto.

Para iniciar en este camino… aquí hay 10 negocios que puede iniciar en esta área:

11. Ofrezca un Programa CGI gratis en su sitio
Sea como freedback.com. Encuentre un programa CGI que todos necesiten o quieran e inicie a dárselos. Yo se de sitios que ofrecen Clasificados Gratuitos o Enlaces a Sitios de Gratis Todo y ellos se quedan con el banner publicitario de ellos.

12.12. Intercambio de Banners
Yo se que lo que esta usted pensando de esto… hay cientos de intercambio de banners . Y sabe que? Usted tiene razón, pero puede hacer un intercambio de banners para un área especifica. Puede enfocarse a todos los sitios de Internet Marketing o de Sitios para Niños. después déles a ellos un rango de 2:1 o mayor de publicidad de banners. después el intercambio de banner hace el otro 50% de los anuncios que use para usted o para vender publicidad (el intercambio de banners esta basado en este principio)

13. Sitio de Descargas
Usted puede crear un sitio de descargas para un tipo especifico de mercado. Este puede ser para programas CGI, software para negocios, demos de juegos, etc. El punto clave en esta área es que usted debe desarrollar un USP para su sitio. Porque deben de visitar su sitio y no el de los otros? Puede ser porque usted revisa cada programa o porque usted tiene una mejor organización… o usted incluye solo lo mejor. O podría ser porque mas que todos los demás. Conviértase en único en su área y mire despegar su trafico. (Una advertencia… asegurase de que su web host no le cobre extra por transferir mucho a diario o mensual, un sitio de descargas consume muchos MB)

14. Sitio de Juegos
Usted puede hacer un sitio que contenga códigos, tips y trucos para juegos: La mayoría de el trabajo estará hecho por usted una vez que le haga saber a todos que esta recolectando y juntando todos los códigos y trucos de los diferentes juegos. Imprima boletines y anunciase en revistas y su trafico volara hasta los cielos. El ingreso de estos sitios vendrá de las compañías de juegos que se anuncien en su pagina. El tablero de mensajes será extremadamente popular y deberá de contener secciones separadas para cada juego diferente.

15. Sitio de Software para Negocios

Cree un sitio que liste lodos los software para negocios… incluya descargas de demos junto con la revisión de el contenido y una ezine sobre EL Nuevo Producto de el Mes. Los negocios están siempre buscando programas que los lleven a el siguiente nivel o como hacer mas fácil el trabajo. además, puede usted agregar un tablero de mensajes que específicamente le ayude con ciertos programas como FrontPage, etc.

16. Sitio de Recursos para CUALQUIER COSA

Usted puede crear una lista de recursos para CUALQUIER COSA. Encuentre una lista de todos los top sites en ciertas áreas de cualquier información útil. El plan para este tipo de sitios es convertirse en el punto inicial para personas que estén buscando Perros, Internet Marketing, Copywrihting, Muñecas, etc. Usted también puede inclinarse hacia un buscador específicamente enfocado a un nicho de mercado.
Usted solo liste _____. Esta es una idea que se puede combinar también con cualquiera de las otras ideas incluidas en este curso como un canal extra de ganancias.

13.17. Sitio de Premios

Inicie un premio para un nicho de mercado especifico: Podría ser el sitio "Las 5 Estrellas de El Bienestar" el cual se le entregara a los mejores 5 sitios dedicados a el bienestar para el Internet marketing, o cualquier otro interés especifico. Diseñe un grafico que este muy bien hecho para que sea su logotipo. Establezca una base de datos de introducción para que la gente envié sus favoritos. después, vaya buscando los sitios que se merezcan su premio. Una vez que haya entregado el premio y tenga los suficientes enlaces a otros sitios… usted también puede empezar a enviar boletines de prensa y empezar a ser reconocido en esa área. La clave para este programa es escoger un titulo muy interesante para su premio y moverse correctamente en el mercado correcto.

18. Reportes para Consumidores

Conviértase en el perro guardián de la industria,… cualquier industria. Haga reportes sobre automóviles o programas para hacer dinero. Revise artículos para el cuidado personal o equipo de ejercicios. Conviértase en un experto para los consumidores en cualquier área y deleite a los clientes con su experiencia. La clave consiste en tener la mayor información de la mejor calidad para hacer su sitio interesante. después, su recompensa vendrá por anunciar productos.

19. Noticias

Usted pensara que esta área es imposible de lograr con todos lo gigantes de noticias que existen. Bueno. Podrida ser… si usted pensara cubrirlo todo. Usted, como negocio pequeño. deberá de cubrir una área de su interés y recolectar todas las noticias que tienen que ver con esa área. Piense en ello. El reporte Drudge fue antes un sitio de chismes en línea y construyo tableros de mensajes y chats al respecto…. Y se convirtió en un de los sitios "top" de Internet y ahora el propietario produce programa de televisión!

20. Viajes

Destinos exóticos…cruceros para millonarios… etc. Este es divertido. Usted puede revisando destinos de viajes, hoteles, restaurantes, etc. Busque uno de esos paquetes con los que usted se puede convertir en agente de viajes y venda boletos (con la agencia de viajes actual manejando boletos y dinero) para los diferentes destinos. Actualmente tome los tours y revíselos. Combine este campo con la idea de perro guardián para que advierta a la gente sobre agencias de viajes y lugares decepcionantes. Diviértase mientras trabaja.

Negocios 21 al 30: Provea Servicios A Otros

Conozco cientos de personas que justo en este momento se encuentran generando un ingreso de tiempo completo en línea a través de proveer servicios que otros Internet Marketers necesitan quieren y necesitan desesperadamente como: Diseño de paginas web, promoción de paginas web, utilización de buscadores, y mas.

14. Este negocio se expandirá conforme pase el tiempo. Cada negocio en el planeta deberá pasar a la siguiente generación en comercio y este se encuentra en la red… y todos deberían de tomar este consejo. Si usted empieza a aprender y a proveer servicios en esta área ahora, su mercado crecerá en los próximos meses y años conforme todos los negocios se expandan hacia la web. No se quede atrapado en un mercado en declive… muévase a la onda del futuro proveyendo servicios de Internet.

Aunque el negocio de la información puede ser extremadamente lucrativo (este negocio junto con el de software probablemente sean los dos de los que tienen mas futuro en el Internet), usted actualmente pueda hacer mas dinero en muchos de los casos al proveer el servicio actual y teniendo productos sobre lo mismo.

Por ejemplo, aunque un producto que enseñe a la gente a generar trafico a su pagina puede ser vendido por cientos o miles de copias fácilmente en la red, por ahí pueden haber miles de personas que prefieren que usted realice el trabajo. Es un hecho, usar un reporte/libro/audio pueden ser un gancho de venta sobre de el tema de la promoción de paginas web que le puede llevar a docenas de ventas posteriores por su "Servicio Completo" el cual es mucho mas lucrativo.

La gran desventaja de ofrecer servicios en la red en lugar de algún tipo de producto es simplemente es que le queda poco tiempo disponible para usted. Su ingreso es limitado a su habilidad de trabajar durante mas horas. Aun sigue comerciando tiempo por dinero. Usted puede vender cientos de libros esta semana sin mucho esfuerzo, pero no puede proveer cientos de servicios extra a los diferentes clientes sin un mayor ajuste en su manejo de el tiempo. Eventualmente, si su sitio y negocio continúan creciendo, usted tendrá una barrera entre su tiempo y su ingreso.

Las dos ventajas mas grandes de realizar un negocio de "servicio completo" son:

1. Usted será capaz de cobrar un precio alto porque las personas realmente cree que lo vale. La mayoría de las personas tienen un producto secundario como reportes que van desde los $29.97 por un reporte hasta $97.00 por reporte y después tienen el servicio completo por $1,000 o mas. Por ejemplo Usted puede escribir un reporte sobre "Posicionamientos en Buscadores" y venderlos por $97.00. después, su "Servicio Completo" puede costar $150.00 por mes o mas.

2. Usted tendrá que estar actualizándose continuamente acerca de su servicio y deberá ser capaz de crear un producto de información alrededor de su experiencia. Como puede observar, los vendedores de productos de información y proveedores de servicios requieren ver el otro lado de la moneda. Si usted actualmente se encuentra ofreciendo un servicio, piense en crear un producto informativo acerca de sus conocimientos para incrementar sus ganancias en esta área y posiblemente agregar más opciones a su servicio.

15. Que es lo que debe usted hacer si usted no sabe como hacer ninguno de estos servicios pero quiere iniciar un negocio de servicios? empiece por capacitarse. Para la mayoría de estos temas, no puede nada mas ir a la universidad a que le enseñen todo lo necesario… usted deberá buscarlo por usted mismo. Usted necesita realizar cinco cosas especialmente para iniciar el proceso de enseñanza:

1. Encuentre cualquier modelo de ese negocio en línea. Haga algunas búsquedas en buscadores y encuentre si alguien se encuentra actualmente ofreciendo ese servicio y empiece a tomar nota sobre que hacen ellos. Que puede usted aprender de ellos? Algunos de ellos hasta ofrecen servicios de "tutoría" para enseñar a otros. Si alguno de ellos esta disponible debería de aprovechar y sacar ventaja de ello!

2. Encuentre productos de información que sean sobre ese tema. Que libros, audios, videos y software puede encontrar con ese tema? Usted encontrara que la mayoría de las personas que son exitosos en línea son ávidos lectores y estudiosos… constantemente expanden sus conocimientos con respecto a su tema.

3. Vaya a Google a buscar "tableros de mensaje sobre _____" en la parte en blanco escriba lo que será su nicho. Encuentre tableros de mensajes que discutan su tema. Existen cientos de tableros de mensajes en línea con cada tema que se pueda usted imaginar. Encuentre uno que se aplique a su sitio e involúcrese en las discusiones. Que no le de miedo preguntar.

4. Practique con usted mismo. Una de las cosas mas graciosas que puede usted ver es cuando los expertos en "promoción en Web" están empezando a enseñarle a todo mundo como generar trafico a su sitio. Si usted no puede promover su propio sitio, no trate con nadie mas. empiece practicando con usted mismo primero!

5. realice sus primeros servicios a otros gratis o a un precio reducido. Obtenga mayor experiencia y testimonios antes de empezar realmente su negocio. Recuerde, este mercado no declina. Solo crece, así que no este tan apurado en estar envuelto en el.

21. Diseño de paginas Web
Diseñar paginas web es una habilidad que puede ser aprendida actualmente extremadamente rápido, pero la mayoría de la gente no quiere hacerlo. Encuentre un programa de diseño que usted realmente entienda bien (Vaya a http://download.com y haga una búsqueda para diseño de web). Compre libros para incrementar sus conocimientos de el programa. después. empiece a estudiar que tipo de paginas web realiza ventas y cuales no.

La forma mas fácil para usted para hacer este negocio es realizar varios templates para usted mismo para que pueda usarlos para la mayoría de su trabajo. En otras palabras, junte algunos diseños básicos que le puedan servir para varios sitios y simplemente llene los espacios en blanco y agrégueles fotos y colores. Esto realmente le dará rapidez a su trabajo y lo ayudara a proveer un buen servicio a todos sus clientes.

16.22. Posicionamiento en Buscadores

El mejor trafico que usted pueda recibir vendrá de recomendaciones y referencias de clientes satisfechos. El segundo será el que le envíen los buscadores. Cuando un sitio aprende como obtener una de las posiciones Top 20 bajo una palabra de un buscador, puede estar seguro de recibir trafico a su sitio día tras día. Combine con un buen diseño en su pagina web y un buen copywriting y mire sus ingresos despegar.

Todo mundo quiere estar dentro de las 20 posiciones mas altas, porque si no lo esta, es como si no estuviera enlistado. Así que, la mayor desventaja de este servicio es su competencia con otras personas que se dedican a optimizar las posibilidades en buscadores.

Así, que la segunda desventaja es que a los mismos buscadores no les gustan las personas que tratan de alcanzar esas 20 primeras posiciones así que usted mismo siempre deberá de estar actualizándose y adelantándose a cualquier adelanto que ellos pudieran poner. Usted deberá trabajar muy duro si usted puede ser la persona que garantice trafico a cualquier web site.

23. CyberCopywriting

Usted sabe que una diferencia en el campo de asunto de sus emails o en su web site puede significar una diferencia de entre 18 y 50 veces mas lectores de su anuncio? Muchos propietarios de paginas web se concentran completamente en el trafico, pero nunca se detienes a invertir un poco de tiempo en su copywriting de su sitio… ellos ni siquiera sabes que esto es conveniente. No permita ser uno de ellos!

Empiece a aprender todo acerca de cómo escribir un anuncio. Estudie a los maestros como Brian Keith Voilles y Ted Nicholas. Compre productos que le enseñen como escribir sus propios anuncios. Junte cada pieza de correo chatarra que tenga. Preste atención a las buenas copias. empiece a practicar escribiendo sus Encabezados. Encuentre un "tutor" (esta es una de esas áreas en las que puede encontrar algunos buenos por ahí). Una vez que usted aprenda a escribir buenas copias, podría cobrar por pagina, por el trabajo o por comisión (5% al 15% del volumen de ventas).

24. promoción de Sitios Web

Esto es lo que cada web site necesita… promoción web. Conviértase en un experto en eso. En esta área, específicamente quiero mencionar lo importante que es aprender como diseñar sitios con los que la gente se quiera enlazar y hacer una campaña de enlaces efectiva. Usted puede instalar palabras o frases las cuales automáticamente rastreen los enlaces desde otros sitios (vea nuestra sección de generador de trafico en este libro) y después empiece a trabajar para su cliente.

Encuentre otros web sites con alto nivel de trafico en el mercado al que se dedica y ofrezca comerciar enlaces con ellos. Mire aquellos que se encuentren entre os primeros 20 de los buscadores, en revistas o en otros sitios que tengan sus propios enlaces de paginas. Una buena estrategia es que cuando encuentre un sitio con alto nivel de trafico es ir a los

17. buscadores y buscar todos los sitios que tengan enlaces con el. después, envié un email y sugiera intercambiar enlaces con su sitio también. Utilice la investigación competitiva para sacarle provecho y apoyar sus esfuerzos. Aunque crear enlaces con otros sitios no le generara mucho trafico rápidamente como otros métodos, este es uno de los generadores de trafico mas consistentes para que su sitio vaya creciendo.

25. Diseñador de Banners
Diseñar Banners de anuncios. La publicidad por banners es probablemente la mas popular en la web un banner promedio puede ser usado en un buscador por medio de palabras claves y es útil por 2 a 8 semanas antes de que el rango de clicks empiece a declinar. Todos ven que necesitan un banner nuevo... así que crea ingresos a largo plazo por los mismos clientes que regresa a usted una y otra vez.

La clave para hacer banners es encontrar las herramientas adecuadas (Yo recomiendo empezar con Paint Shop Pro el cual puede usted encontrar en http://www.download.com) y aprenda lo mas que pueda acerca de cuales banners son los que tienen los rangos mas altos de clicks. después, vaya a trabajar practicando y probando diferentes diseños en los intercambios gratuitos de enlaces.

26. Boletines de Prensa por Internet
Un aspecto que se pasa por alto en la publicidad en línea por la mayoría de los web sites es usar boletines de prensa. Un articulo en una revista o en un periódico importante puede hacer mas por su trafico que la publicidad en línea en un año. La clave aquí es convertirse en un web site que siempre este actualizado. No puede ser solo una carta de ventas. Debe de proveer algún beneficio único para los lectores de la publicación.

Como agente de boletines de prensa por Internet, usted se puede convertir en la persona que escriba esos boletines de prensa y los envié por email a los publicistas de publicaciones industriales por temas. Para iniciar este negocio, usted debe aprender todo lo que pueda acerca de cómo generar boletines de prensa y luego empezar a recolectar nombres y direcciones de email de los medios (usted deberá personalizar emails para los editores de las publicaciones y escritores para mejores resultados).

27. Envió de Anuncios Clasificados
Los anuncios clasificados pueden funcionar, pero requieren de muchísimo esfuerzo para poder poner los suficientes en línea. Usted puede comprar algunos de los programas para enviarlos a los buscadores, a las paginas que ofrecen servicios gratuitos y a anuncios clasificados. después empezar a vender sus servicios de envió. Este es un negocio rápido de arrancar, pero no lleva a cabo el valor de aprender como obtener las mas altas posiciones en los buscadores. A pesar de esto he visto precios entre los $10 y los $97 dlls por este tipo de servicios y planes mensuales para enviar mensajes cada 30 días. Así que, este puede ser un negocio de servicio rápido que usted puede iniciar y que le generara un pequeño ingreso extra para su sitio además de cualquier otra cosa que haga.

18.**28. Multimedia**
La tecnológia está avanzando! El Internet esta avanzando junto con ella. En el futuro, yo puedo ver un día en que la web va a estar interconectada con la TV y el video será enviado sin esfuerzo por el mundo en línea. Ese día todavía no esta aquí, pero cada día vamos dando un nuevo paso hacia ese futuro. Usted se puede convertir en un consultor de Multimedia que ayude a la gente a enviar audio y video por la web.

RealNetworks en http://real.com es la compañía que es líder en esta área en este momento Y usted debería empezar por aprender todo acerca de sus productos. después su negocio puede ser tan simple como tomar video y cambiarlo a RealVideo para la web y subirlo a los servidores de sus clientes. O puede decidirse a entrenar a negocios pequeños como crear y usar videos para tener presencia en línea. El Audio y el video seguirán avanzando en línea así que este puede ser un mercado creciente en el futuro del comercio electrónico.

29. Reacondicionamientos de Websites
Esto debe combinar las habilidades de varios de los servicios mencionados anteriormente, pero también es algo que muchos de las personas que se dedican al Internet marketing QUIEREN. Ellos tienen un web site en línea, pero quieren saber como refinarlo para tener mas ventas en línea. Ellos quieren tener mas trafico. Les gustaría agregar audio o video a su presentación.

Una vez que usted empiece a aprender varios de las habilidades antes mencionadas, usted pudiera ofrecer reacondicionamientos a los sitios de otras personas o a sus planes de marketing. Muchos de ellos tal vez se perdieron el tema de el que hablamos en el primer capitulo. Ellos talvez necesiten combinar sus esfuerzos de marketing en un negocio objetivo. Ayúdelos a encontrar su mercado objetivo y a redireccionar su campaña de marketing!

30. Domain Name
Sé de algunos cursos importantes y seminarios que están enseñando que esto un negocio importante en línea... y es muy simple realmente. La explotación minera del oro del Domain Name se refiere simplemente a ir a un servicio del registro y reservar los domain names que otros negocios desearían. Por ejemplo, si usted pudiera haber reservado http://www.internet.com, soy seguro que usted habría podido venderlo para un precio muy alto.

El negocio de los Domain Name se construye en conseguir nombres del domain que usted sabe a la gente deseará, comprándola de un servicio tal como godaddy.net por menos de $10 dlls, y después venderlo en un precio más elevado (determinado por la demanda de la gente que deseará utilizarlo). Conozco personalmente algunas personas quiénes han hecho bien esto, pero no veo este negocio como el negocio tan emocionante que muchos de los vendedores del seminario le están haciendo diciendo que es.

Negocios 31 al 40: Construya su Propio Imperio de la Información

Los productos de la información son el negocio ideal a comenzar si usted está buscando un negocio en línea. Son fáciles de producir, simples de enviar, y pueden gozar de altos márgenes de beneficio porque la gente no está pagando la forma física de el producto y este se entrega al instante en línea. Están pagando por la valiosa información contenida dentro.

Aunque la mayoría de la gente ve solamente informes y los libros cuando hablamos de productos de la información, quisiera que usted viera que tan versátil puede ser este mercado. Usted podría producir software, videos, audio, boletines de noticias, los sitios secretos, y más. Las únicas limitaciones en este negocio son las que usted se crea.

Mas adelante voy a darle un sistema rápido de producir las cintas de audio (una de las maneras más fáciles de iniciar en este negocio). Sin embargo no límite el potencial de su imperio informativo a estas técnicas. Todos los productos de la información se pueden crear acerca de sus pasatiempos, de sus intereses, o de su experiencia. ¿Qué ha aprendido usted a hacer que alguien mas pueda desear aprender?

Usted puede decirme, "pero, no sé como hacer nada que a la gente le pueda interesar!"

Bien, tengo una solución para ese problema. ¡Si usted ha encontrado un mercado que desea un producto de cierta naturaleza, entre en contacto con un experto y haga una entrevista con el... entonces venden esa cinta! (la mayoría de los expertos harán la cinta con usted por teléfono y cobrándole la consulta - generalmente entre $100 - $1000 dlls).

Si usted tiene conocimientos que la gente desea (lo cual espero sea cierto inclusive si usted no lo admite)... entonces usted puede hacer su propio curso en la cinta de audio. Mas adelante voy a darle un sistema rápido de 6 pasos para crear sus propias cintas... y entonces haremos una descripción corta en cómo entrar en contacto con un experto y conseguir que el haga una cinta con usted.

Paso 1 - Haga una lista de sus pasatiempos, intereses, y problemas que usted pueda solucionar.

¿Las personas le piden a menudo a usted su consejo sobre ciertas cosas? Si es así...ahí hay una idea sobre el producto! Diseñe un producto que solucione sus problemas. Encuentre a un problema o un deseo que la gente tenga y que usted ha superado, y entonces el sistema que usted siguió es la base para su producto.

20.Usted entrena perros? Ese es un producto

Usted construye aviones a escala? Ese es un producto
Usted ahorra dinero por medio de subastas? Ese es un producto
Usted sabe como hacer un web site? Ese es un producto
Usted esta entre los 10 Mejores resultados en los buscadores? Ese es un producto

Las ideas sobre productos están a su alrededor. Debe de haber al menos media docena de productos dentro de usted esperando una oportunidad para salir!

Paso 2 – Investigue su mercado objetivo para averiguar en que están interesados.

Si usted planea vender su producto en línea, cerciórese de que haya un mercado para él primero, siempre antes de que usted cree el producto. Visite los foros y los newsgroup haga una cierta investigación. Prepare un cuestionario corto y ofrezca algo para la gente que se lo responda.

Las corporaciones gastan millones de dólares al año en investigación, como un pequeño negocio casero usted puede hacer su investigación gratis en línea contactando y estableciendo a través de newsgroup, de foros, y de listas de emails.

Paso 3 – Compre el equipo necesario.

Usted no tiene que ir a un estudio para grabar sus cintas a menos que tenga un presupuesto ilimitado.

Si usted puede permitirse un estudio, producirá un poco mejor su cinta, pero para la mayoría de la gente el comenzar de esa manera seria un costo indebido

Vaya a su Radio Shack local y compre cintas audio de la alta calidad y un micrófono dinámico. Le costará probablemente entre $40 y $100 dlls. Pida que uno de los representantes de ventas recomiende un buen modelo. Si usted necesita un adaptador un para su grabadora , consiga uno de ésos también.

Si su equipo no tiene capacidad para doble cinta, también compre uno.

¿Por qué? Usted puede también copiar sus primeras cintas que venda en su hogar y esperar para enviarlo a una duplicadora hasta que usted este vendiendo una buena cantidad de cintas. Note que no necesita de un equipo caro para iniciar en este negocio, además puede mejorarlo después conforme su propio negocio se lo exija y permita.

Paso 4 – Haga un contorno

¿Cuándo usted hizo su investigación en el paso 2, en que se interesaban mas la mayoría de sus clientes potenciales? Ahora, cree un producto que dé un entrenamiento paso a paso en cómo superar ese problema o alcanzar ese objetivo

21.Atormente su cerebro y encuentre los pasos que llevarán a sus clientes a su solución deseada. Usted tiene que hacerla simple. Ésta es probablemente la parte más difícil de su producto. Usted tiene que reunir toda su investigación, su experiencia, y lograr un sistema simple que la gente pueda seguir para alcanzar su objetivo.

Paso 5 – Grabe sus cintas.

Ahora, apague los teléfonos... e instale su pequeño estudio de grabación. Haga un tiempo en su horario para hacer su cinta.

Siéntese y registre menos de 60 minutos en la cinta (la nota la mayoría de las cintas tiene realmente 62 - 64 minutos en ellos). Usted tiene que tener cuidado de parar antes del fin de la cinta de modo que haya sitio de registrar un mensaje "Por favor dé vuelta a la cinta".

Paso 6 – empiece el marketing hoy.

¿Cuánto es su valor de la cinta? Usted puede vender una cinta audio individual entre $9,95 - $29,95 dlls dependiendo del tema O usted pueden producir una serie de cintas. He visto estos en venta por tanto como $495 dlls si estaban en el asunto correcto. Usted realmente tiene que probar su precio.

Cualquier servicio secretarial puede transcribir sus cintas para usted si desea producir un producto más caro. Haga algunas correcciones a ellas, combine su manual nuevo a las cintas, y usted tiene un producto valorado más caro que vender.

Como conseguir un experto que trabaje para usted!

Si usted no logra encontrar una idea o un producto decente por si mismo, encuentre un experto que lo haga por usted.

Usted tendría que hacer el paso uno, dos, y tres que vienen antes por usted mismo con la idea del producto, investigando, y comprando el equipo. Observe que cuando usted compra el equipo para esto usted puede necesitar comprar un micrófono que enganche en su teléfono (pregunte a gente de ventas en Radio Shack y ellos l asesoraran para saber cual necesita)

Entonces, entre en contacto con los expertos adecuados para la misión. Encuentre a gente que es expertos en las áreas que usted desea presentar a sus clientes y envíeles una carta en la cual les dice exactamente lo que usted desea hacer. La mayoría de los expertos estarán de acuerdo si usted se les acerca correctamente.

Muéstreles los beneficios que ellos pueden obtener de esto…

1. Usted esta haciendo la investigación de mercado para encontrar un producto con demanda
2. Usted le pagara el monto regular de sus honorarios por consulta por la cinta

22.3. Usted preparara la preguntas que le realizara y se las dará para que las estudie a no ser que el mismo tenga algo ya preparado

4. Usted le dará los Derechos Completos de Reproducción de la cinta, de manera que ambos puedan venderla.

5. El/Ella podrá además presentar otros productos y servicios con los que cuente para poder ser vendidos en la cara posterior de la cinta

Esta es una situación Ganar-Ganar. El/ella tendrá todos esos beneficios y usted tiene un nuevo producto que vender en su negocio.

Esta No es la Única Forma – Pero es una Buena Manera de Empezar Para Usted

Ésta no es la única manera de crear productos de la información, pero es suficiente para comenzar. Es usted quien va a incurrir en algunas equivocaciones... SI....pero usted habrá comenzado en la dirección correcta. Si usted sigue este proceso, usted tendrá su propio producto con demanda para vender en línea en los próximos años. Todo lo que usted le falta por hacer es escribir su anuncio, pero eso es un tema para otro día.

Diez Tipos de Productos de información que Usted Puede Crear o Estar Involucrado Con...

31. Libros
Éste es el producto más común y conocido de información. Mucha gente se limita
Su negocio potencial a este articulo. Ven cuánto tiempo toma para crear un libro completo
y no pueden imaginarse ni siquiera como podrían verse implicados en un negocio de
información. La desventaja grande de los libros es el tiempo que toma desde la creación
hasta la terminación y de los dolores asociados a conseguir publicarlo. La ventaja de los
libros sobre otros métodos es sin embargo una circulación creciente posible con todas las
formas de distribución que los libros impresos tienen sobre las otras formas de información.

Una más nueva versión de libros es la electrónica como el que usted está leyendo ahora. El
tiempo que publicación es solamente algunos minutos usando muchos de los programas de
software disponibles. El único tiempo envuelto en el proceso es el tiempo que toma crear el
producto. Si esta escrito en el formato electrónico, hay un costo de $0 por terminarlo y
puede ser descargado fácilmente de la web por cualesquiera de sus clientes

32. Reportes
Más cortos que los libros. Los reportes son magníficos para los temas que cambian
constantemente (por ejemplo la comercialización del Internet, etc.) o es una discusión más
corta del tema. Los informes son también perfectos para Bonos Gratis o de bajo costo para
que vaya junto con el otro producto que usted vende o una introducción a sus productos o
servicios mas costosos.

Los informes pueden también estar en un formato impreso o en un formato electrónico
igual que los libros.

23.**33. Cursos**
Si usted tiene un producto de información que dé instrucciones paso a paso de cómo
alcanzar ciertos resultados, usted tal vez quiera considerar el empacarlo como curso de
aprendizaje. (el curso podría ser libros, videos, manuales, informes, audio, etc. todo por
separado o junto en un paquete).

Los cursos de aprendizaje en general contendrán información muy específica e
instrucciones paso a paso (incluyendo hojas de trabajo, muestras, etc.). También se cobran
mas caros que otros métodos y se venden para entre $97 y $997 en la mayoría de los casos.
Grabar un seminario puede hacer a menudo un buen curso también.

34. Seminarios
Si su presentación realmente trabaja bien con el entrenamiento con manos, entonces usted
puede considerar el hacer un seminario o un taller sobre su producto o como una forma de
comercializar otros productos que usted puede vender. Llevan un precio superior en ellos
(generalmente $199 - $15.000) y los deben de impartir la gente mejor entrenada en ese
tema que pueda encontrar.

Si usted va a hacer seminarios, usted debe pasar un buen tiempo para aprender cómo hablar
en público (unirse a Toastmasters no lo lastimaría), además para la preparación de los
libros de trabajo y de las presentaciones para sus audiencias. También tenga presente que la

mayoría de los presentadores del seminarios eran primero presentadores en las conferencias de otras personas antes de que comenzaran a presentar los suyos propios. Los seminarios no son para los infoproducers que comienzan.

35. Videos

Los videos son la mejor opción si usted quiere que sus clientes vean realmente cómo se hace algo. Los utilizan más a menudo en el negocio de información para los productos de "Saber Como" y para las demostraciones de un producto secundario. El problema mas grande de los videos son las habilidades técnicas necesarias para producirlos.

Si usted está planeando su primer vídeo, es mejor para usted contratar un camarógrafo y un editor profesionales para hacer el trabajo técnico para usted. Entonces, usted concéntrese en el contenido. El precio del equipo de video necesario para producir sus videos será mucho más alto que el costo de emplear a estos individuos para ayudarle con sus primeras producciones.

36. Audio

El audio fue discutido con anterioridad pero vamos a repetirlo otra vez. Son una manera fácil de comenzar en el negocio de la información y la palabra hablada puede llevar a menudo mucho más el peso y valor a los oyentes que la qué se recibe con la palabra escrita en muchos casos.

24.La otra ventaja principal de las cintas de audio sobre otros formatos disponibles para sus productos de información es el hecho de que son fáciles de escuchar. Para leer un libro o para mirar un vídeo, sus clientes se tienen que sentar y tomarse un tiempo de sus días agitados para aprender. Las cintas de audio se pueden colocar simplemente en un reproductor de cinta camino al trabajo, cuando usted paseando, o siempre que lo deseen.

37. Sitios Secretos

Mientras que viajo en Internet, estoy notando más y mas "sitios secretos" que se están desarrollando en todas las diversas industrias. Cobran básicamente un honorario de una sola vez o un honorario mensual para tener acceso a los Sitios Web constantemente actualizados y llenos de información dirigida a un mercado especifico.

Los sitios secretos parecen trabajar mejor cuando usted necesita mantener constantemente a sus clientes con nueva información. Algunos modelos exitosos de sitios secretos que he visto puedo incluir el Internet Marketing, de materias, mercado de valores, y de noticias.

Espero que veamos un aumento en este tipo de sitios y ver como progresa con el tiempo y usted podría ser uno de los dueños .

38. Newsletters

El que la Internet sea conocida por ser la "autopista de la información" y está creciendo en un grado sin igual, no significa que han desaparecido los medios impresos. Los newsletters impresos y especializados todavía están prosperando y presentan una buena oportunidad para los editores. Las tarifas de suscripción del newsletter están entre $30 y $300 por año en general (aunque he visto los boletines de noticias de hasta $4.500 en áreas muy especializadas). Si usted construye una lista de 1,000 suscriptores, usted hará un ingreso muy agradable y tendrá el potencial de hacer Alianzas con otros productos en su mercado para sus suscriptores con resultados impresionantes en muchos casos.

39. Programas de Distribución

Para aquellos que como usted que quisieran comenzar con un producto probado de información, hay programas de distribución. Así es como el 98% de nosotros hemos comenzado en el negocio de la información y le dan la forma mas fácil y de menor tiempo para comenzar. Usted puede tomar a algún otro producto que ya halla sido probado y cartas probadas de ventas y comenzar a hacer el dinero inmediatamente. La desventaja de estos programas es que usted tiene que compartir el dinero que gane con el dueño del producto.

Algo que tiene que tener cuidado de revisar en los programas de distribución son los precios altos que algunas compañías solicitan por el derecho de vender los productos. El 90% de programas del distribución en la web son gratuitos de iniciar y puede haber un pequeño cargo por los materiales de distribución y entrenamiento.¡Cuidado con los precios ELEVADOS en programas de distribución!

25.40. Reprint Rights

El siguiente paso para programas de distribución es comprar los derechos de reimpresión de productos probados. Muchos productores de información ahora están vendiendo los derechos de la reimpresión para muchos de sus productos en todos tipo de formatos. La ventaja a esto es que usted consigue guardar TODO EL dinero que genere. El problema con él es que los derechos de reimpresión tienen un precio superior: a menudo $1.000 - $10.000 para cada producto.

Si yo fuera a iniciar por primera vez en el negocio de la información hoy, Yo escogería buscar derechos de reimpresión de un producto en el que pueda estar interesado. Cuesta mas, pero también es la mejor oportunidad de triunfar en el inicio.

Negocios 31 al 40: Cree Su Propio Sitio por Membresía Online

En mi opinión, es el mejor negocio que usted podría estar implicado. Tiene un bajo costo de inicio, no requiere empleados, y tiene márgenes grandes. ¡Amo la comercialización de la información! En mi negocio, vendemos actualmente los ebooks, cintas audio, CD-Roms, videos, software, y tenemos un sitio para miembros por medio de pago.

También tenemos un ezine gratuito, publicamos ebooks gratuitos, y tenemos un Web site de contenido gratuito. Todo lo anterior es muy provechoso para mí, pero el 98% de los editores de información que intentan poner ezines, los sitios de contenido, y los ebooks nunca hacen realmente dinero. A través de esta sección revelaré algunos de los secretos (si usted desea llamarlos así) para ganar un ingreso muy lucrativa en línea con información.

Usted puede ganar el dinero vendiendo información... mucho dinero... pero solamente si usted sabe en dónde ajustar cada "pieza" en el juego de ajedrez que nosotros llamamos la comercialización del Internet.

La realización de éxito en el Internet es como hornear un gran pastel. Para cocer en el horno un pastel usted utilizará una receta. Ponga todos los ingredientes en el orden correcto, metalos al horno y usted terminará con un delicioso pastel. No intente hacer el mismo pastel sin una receta o cambiando los ingredientes. Porque no terminara con el pastel. De hecho, lo mas seguro es que termine con un desastre en la cocina.

Es lo mismo con la comercialización en línea de los productos de información. Encuentre a alguien que ha creado ya el negocio que usted desea y siga su receta. ¡asegurase de no dejar fuera cualesquiera de los ingredientes!

Todos los modelos que publican usados actualmente tienen su lugar, pero usted debe entenderlos completamente si usted planea conseguir las ventajas máximas de su uso. Usted necesita saber cuánto de cada ingrediente a utilizar en su torta de Internet.

Modelo #1: Ezines.
Hay actualmente mas de 500.000 ezines en Internet. El número está creciendo cada día que pasa. La mayoría de estos editores de ezines nunca ganan dinero verdadero (mas de $1.000 por mes). Trabajan en extremo de semana a semana para producir el buen contenido y después para recibir solamente un ingreso de menor importancia por vender anuncios o por links para programas de afiliados. El mejor uso de un ☐eine está en crear primero su propio producto de información, y después utiliza extractos de sus productos como el contenido para su ☐eine. Utilice el ☐eine solo para vender su producto de información.
Cerca del final de este informe le mostraré el uso más provechoso de un ☐eine en el ambiente de publicaciones de hoy.

Modelo #2: Sitios de Contenido.
Este modelo nunca ha sido atractivo para mí, y está llegando a ser incluso menos atractivo. Para la mayoría de la gente significa arrancar un Web site e intentar producir tanto contenido para él como sea posible para que los visitantes regresen.
Seguro, puede trabajar de esta manera, pero es un trabajo tremendo para un ingreso muy pequeño. Además, los publicistas no están buscando mas sitios para colocar sus anuncios en línea.

A menos que usted sea uno de los mejores 100 sitios superiores en la red, usted tendrá una dificultad enorme para vender sus espacios para anuncios.

¿Para que son buenos los sitios de contenido? Son grandes en la generación de los prospectos que usted genera en un ⬜eine gratuito (podrá leerlo más adelante en el informe sobre el uso correcto de este modelo). Observe mi sitio http://www.ingresopropio.com que tiene solamente dos propósitos en él. Primero, la meta principal del sitio es conseguir que usted me de su dirección de email así que puedo enviarle los email futuros. La meta secundaria es que la gente encuentre y use el contenido para que otra gente venga a mi sitio y me den sus direcciones de email. El propósito de un sitio de contenido es conseguir las direcciones de email de sus visitantes.

Modelo #3: EBooks.
Si usted pensó que los ebooks serian la próxima revolución en cuanto a publicaciones, piense otra vez. La gente está descubriendo rápidamente que vender ebooks en línea no es siempre el "sueño" que se promueve.

Seguro, usted puede hacer dinero al vender ebooks. Nadie le está discutiendo eso, pero los ebooks están perdiendo rápidamente su estado "de favorito" para los auto-editores . Debido a la competencia creciente y la baja calidad del trabajo de el 99% de los editores de ebooks, por eso todos los ebooks están comenzando a perder su valor. Por eso muchos editores están regresando a el modelo de vender productos "duros" tales como manuales, CDs, cintas de audio, y videos

27.Aunque todavía utilizo eBooks como parte de mi modelo publicación total, no son mis primarios y ni son el enfoque de mi negocio. Son una fuente de ingreso de mis múltiples corrientes de un ingreso total.

Los tres Modelos de Auto-publicación han sido afectados por los mismos problemas:

Problema #1: Demasiada Competencia

Todos están tratando de hacerlos, y cada vez que usted voltee su cabeza alguien mas lo esta haciendo. Es demasiado difícil diferenciase uno mismo.

Problema #2: Poca Calidad

El 99% de ellos (ezines, sitios de contenido y ebooks) son basura. Son solo una copia exacta de lo que otras personas están haciendo y no tienen un valor real.

Problema #3: Los réditos de publicidad están disminuyendo.

Wall Street ha perdido su amor por el Internet. Las compañías ya no están tirando dinero por anunciarse en cada sitio en el que podían anunciarse. A menos que usted tenga un sitio dentro de los primeros 100, a nadie le interesa anunciarse con usted.

Problema #4: Es demasiado trabajo.

Es difícil producir un contenido de alta calidad si usted no esta siendo bien compensado por ello. La mayoría de los publicistas se encuentran trabajando medio tiempo desde sus hogares y no tienen tiempo de trabajar sin recibir un pago por ello.

Problema #5: Usted nunca conseguirá un ingreso consistente.

Una semana usted tendrá buenas ventas. Otra semana será un poco lenta. Para algunos negocios, solo tienen ventas de vez en cuando. Entonces para que seguir con un negocio?

Problema #6: El Dinero viene despacio.

Los artículos antes mencionados (los ezines y los sitios de contenido, con la excepción posible de algunos ebooks) toman un tiempo largo para comenzar a producir un ingreso decente. Incluso si usted lo hace, usted pasará el tiempo en el cual construye su tráfico y lista para generar buenos beneficios. Afortunadamente, los modelos de publicación antes mencionados no son los únicos modelos de auto-publicación disponibles " basados en Internet " para un vendedor que discierne.

He descubierto recientemente un modelo mucho más lucrativo de publicar en línea... aunque debo llamarlo "vuelto a descubrir" pues este modelo de publicación se ha utilizado por años. Es correcto. El publicar "newsletter pagadas" ha sido el modelo del éxito por décadas para los negocios pequeños y basados en el hogar.

28.Jay Abraham publicaba una newsletter pagada.
Gary Halbert publicaba una newsletter pagada.
Bill Myers publicaba una newsletter pagada.
Paul Hartunian publica una newsletter pagada.
Dan Kennedy publica una newsletter pagada.
Peter Sun publica una newsletter pagada.
Marty Chenard publica una newsletter pagada.
Jonathan Mizel publica una newsletter pagada.

Publicar una newletter pagada no es una idea nueva en ningún sentido…

Cuando usted publica su propio newsletter pagado en línea, usted elimina muchos de los problemas asociados con tener una newsletter enteramente:

* No tiene que preocuparse en imprimirla y enviarla.
* No tiene que preocuparse por las renovaciones.
* No tiene que preocuparse por investigar porque son herramientas de Internet las cuales le simplifican el proceso.

Si usted puede escribir una descripción de 1 a 2 párrafos, usted puede publicar una Newsletter Pagada.

Aquí hay 10 razones de porque su propia Newsletter electrónica pagada es el negocio que le brindará el Mejor estilo de vida.

El Internet Marketing no es solo sobre el dinero. Está también sobre crear la forma de vida de sus sueños. Un boletín de noticias electrónico pagado es el "vehículo perfecto" para que usted llegue a su destino.

1. Todo puede ser manejado automáticamente.
Usted no tiene que preocuparse por manejar a sus nuevos clientes, cargarles a sus tarjetas de crédito, o nada como eso.

Es un hecho, que compañías las cuales le manejan completamente todos los asuntos diarios como estos y otros mas por solo una pequeña porción de las ganancias para que usted se concentre en la creación de su producto.

2. Ingreso automático Secundario
El ingreso de cualquiera negocio no proviene de la primera venta. Muchas compañías inclusive pierden dinero en su primer venta. Usted necesita un producto secundario en su negocio el cual sea altamente redituable.
Los cobros mensuales o anuales de sus actuales suscriptores le constituyen un ingreso secundario en su negocio.

3. Ingreso Mensual Predecible.
Usted no tiene que preocuparse de su ingreso mes tras mes o año tras año. Un cierto porcentaje de suscriptores estarán con usted a largo plazo y le crearan ingresos a usted.

29.4. Cumplimiento Completo en Línea
Usted no tiene que enviar ningún producto o servicio que completar. Se puede ocupar de todo en un 100% en línea y en la mayoría de las veces sin siquiera involucrarse directamente. Usted puede hacer este negocio desde cualquier conexiona Internet.

5. Generador Perfecto de Prospectos Para Otros Negocios
Una newsletter en línea es el producto perfecto para también iniciar ventas de otros productos con los cuales se afilie.

Desde el momento en que usted constantemente este en contacto con sus miembros cada semana, ellos lo conocerán y confiaran en usted para comprar otros productos por parte de usted.

6. El trabajo solo le tomara de 12 a 15 horas a la semana.
Usted puede recortar su tiempo de investigación a un mínimo. Hay muchas herramientas automatizadas que pueden organizar y enviarle la investigación que usted necesita diariamente.

7. Poca Competencia
Hay actualmente poca competencia para este tipo de producto... aunque esto no será verdad en el futuro. Ahora es la época de iniciar su newsletter así que usted puede irse creando un mercado allá afuera para el resto de su vida.

8. Bajo Costo de Inicio.
Cuesta menos que otras formas de creación de producto, incluyendo incluso hacer su propio eBook. Hacer un eBook le requiere por lo menos poseer el software del eBook que cuesta de $60 a $200 dlls. Usted puede comenzar su propio boletín de noticias con software solo para el diseño del Web site y un Web site (deje a otras compañías que se preocupen de las molestias del cumplimiento).

9. No Requiere de Habilidades Extraordinarias de Escritura.
Si usted puede escribir una descripción de 1 o 2 párrafos, usted puede publicar un boletín de noticias sin papel. Usando esta "fórmula de escritura " que cualquier persona puede seguir, usted podrá producir su propio producto altamente vendible.

10. Use los Materiales para Otros Proyectos
Una vez que usted haya publicado por un tiempo usted podrá reempaquetar de nuevo sus adiciones anteriores de su newsletter en un nuevo producto y revenderlo. Usted tiene capacidades incorporadas en el desarrollo de productos.

Hay alguna desventaja en las Newsletters en línea?

Claro que las hay, pero las buenas noticias es que están solamente basadas en su propia dedicación a su proyecto.

30.1. Usted debe de comprometerse.
Un newsletter en línea no es como un ebook donde usted lo crea una vez y se vende por siempre (aunque la mayoría de los ebooks necesitan ser puestos al día regularmente también). Usted tiene que estar comprometido al proyecto y a hacer su trabajo de investigación cada mes (o hacer su trabajo por adelantado de algunos meses si usted quiere). Para esta clase de compromiso es bueno comenzar a practicarlo desde hoy, pues le ayudará en todo lo que usted hace. La rentabilidad para esta desventaja es que usted conseguirá una renta confiable y residual de su newsletter. Así que definitivamente vale la pena.

2. Usted tiene que ser único.
Usted no puede incorporarse al mercado estando exactamente como el otro individuo. Esto es verdad para cualquier negocio de auto-publicación, no nada mas para un newsletter. El Internet es un mercado extremadamente competitivo y usted tiene que distinguirse así entre todos sus prospectos y clientes.

Usted Puede Maximizar sus Ingresos al Combinar una Ezine Gratuita y una Newsletter Pagada.

Su ezine gratuita puede convertirse rápidamente en la herramienta promocional número uno para su newsletter pagada si usted sigue el plan simple que le mencionaremos mas abajo.

En vez de escribir enteramente el nuevo contenido para un ezine, publique una porción clasificada como anzuelo de newsletter. Por ejemplo, si usted publica normalmente 10 recursos en su newsletter, entonces publique un recurso cada semana en un formato libre del ezine. Si usted tiene a 3 personas escribiendo artículos para su newsletter (encuentre como puede conseguir otras personas que produzcan su contenido mas adelante en este curso), después publique la mitad de uno de los artículos cada semana para un ezine gratuito.

Esto producirá un ezine muy corto (a la gente no le gusta leer artículos largos de todos modos) y convencerá continuamente a sus suscriptores del "freebie" que se inscriban a su newsletter pagado. Esto es mucho mejor que están enviándoles cartas de ventas sobre su producto. Déles una probadita cada semana de lo que podrían recibir. Si a ellos les agradan estas pequeñas gotas, muchos de ellos se convertirán en suscriptores.

Ahora veremos 10 ideas posibles para que usted cree un sitio por membresía o un newsletter.

31. Sitio de Citas

Usted no desea ser un sitio de citas como los hay muchos en la red, pero puede tener un nicho de mercado bien definido para citas… para su estado, su religión, o para personas que comparten los mismos pasatiempos juntos.

31. Éste es un ejemplo de tomar un nicho de mercado más grande, de citas, y de especialización para encontrar un lugar muy firmemente enfocado para su negocio. El negocio en línea no es para alcanzar a un público grande. Es sobre el proveer los mejores productos y servicios para un mercado en línea estrecho.

Un ejemplo de sitios de este tipo es:
http://www.avemariasingles.com

32. Sitio de Pasatiempos
¿Es usted apasionado sobre un tema especifico? ¿Es usted apasionado sobre cualquier cosa? Hay sitios por membresía que se originan de temas tan variados como cualquier tema que usted se pueda imaginar… incluyendo sitios para amantes del automovilismo y de autos.

Todo lo que necesita para tener un buen sitio por membresía debe encontrar algo que lo apasione a usted y que además apasione a otros también. Usted necesita entre 1,000 y 10,000 miembros para tener un sitio muy lucrativo. ¿Cuántos temas hay en el mundo donde usted puede encontrar a otras 10,000 personas que se apasionen sobre ese tema?

Sitio de Ejemplo:
http://www.ptcruiserclub.org

33. Clubs de Libros y Sitios Educativos
Usted podría comenzar a un club de libros sobre cualquier tema. Usted podría crear un sitio para una comunidad con informes y el entrenamiento adicionales para los padres. Usted podría incluso comenzar un sitio lleno de historietas y de historias cortas.

Usted podría crear un sitio para miembros por un pago mensual en el que sus miembros obtengan material para usar en su vida escolar diaria (tal como herramientas de comercialización, historietas que pueden utilizar, materiales educativos para los profesores, recursos para aprender en casa, para hacer tareas, etc.)

Sitio de Ejemplo:
http://www.moderntales.com

34. Online Coaching

Usted podría crear programa de "coaching" en línea para cualquier tema. El entrenar es un buen mercado en cada nicho, pero es demasiado costosos para una gran cantidad de gente.

Usted puede utilizar la atmósfera del sitio por membresía para proporcionar entrenamiento a un grupo de gente grande en un precio bajo.

Su entrenamiento se podía lograr a través de tableros de discusión, de chats, de tele conferencias, o simplemente de un sistema de herramientas de software como nuestro sitio del ejemplo. Este sitio proporciona el ajuste y la ayuda de la meta a través de software dentro de su sitio.

32.Sitio de Ejemplo:
http://www.mygoals.com

35. Rompecabezas

Eso es. La gente paga por tener acceso a rompecabezas en línea ahora. El sitio del ejemplo ha compilado rompecabezas de todo y agrega 70 nuevos rompecabezas por semana. La gente está pagando tener acceso a este Web site y a los juegos en él.

¿Cómo esto se aplica a usted? Es simple realmente. Si usted puede comenzar con cualquier cosa que las personas coleccionen o con lo que se apasionen, eso es un posible sitio para usted. ¡Incluso es mejor si usted puede conseguir a la gente que le pueda crear de producto para que usted suba el contenido a su sitio!

http://www.upuzzles.com

36. Rente DVDs U Otros Objetos En Línea

Este es un modelo muy interesante. La gente paga un costo anual por el acceso a su sitio y club. Entonces solicitan DVDs por correo que usted les envía. Vuelven el DVD y pueden entonces pedir otros. Es similar a una biblioteca excepto que es en línea y tiene un costo anual para ser un miembro.

Usted podría aplicar este mismo modelo a los audios, CDs, y otras cosas. La gente paga un honorario anual para ser un miembro y usted les envía artículos por petición.

http://www.netflix.com

37. Como Hacer… por Temas o Lo Que Sea

Aquí hay un sitio por membresía sobre Como Hacer… basado en cocina y recetas. Usted podría hacer este mismo tipo de idea sobre cualquier cosa que la gente desee aprender.

Usted podría tener un sitio sobre mejoras y reparaciones de casas, sobre pesca, cómo arreglar su carro, etc, etc.

Cualquier cosa que la gente desea aprender se puede crear un sitio por membresía. Note cómo este sitio también utiliza una base de datos de recetas como una de sus principales atracciones. ¿Qué clase de base de datos puede usted crear como para que la gente quiera pagar por accesarla?

http://www.cooksillustrated.com

38. Sitios Financieros
Algunos de los sitios más comunes por membresía son sitios financieros. Casi cualquier tipo de estrategia de inversión también tiene un sitio por membresía. Hay centenares de ellos con costos que van desde los $10 dlls por mes hasta los $300 dlls por mes dependiendo de lo que ellos proveen.

33.Algunos proporcionan las herramientas y el entrenamiento. Los más costosos demuestran a menudo a los accionistas lo que esta pasando con sus inversiones en vivo. Los sitios financieros son buenos ejemplos de sitios por membresía que no tienen porque ser de bajo costo.

http://www.bollingerbands.com

39. Deportes o Juegos
Usted podría incluso comenzar un sitio por membresía basado en un tipo de deportes o en juegos de fantasía. Esto demuestra otra vez que cualquier cosa sobre la cual la gente es apasionada tiene alrededor el potencial de convertirse en un sitio provechoso por membresía.

Este sitio de el ejemplo ayuda realmente a la gente a jugar el fútbol y otros deportes de fantasía proporcionando revisiones e información sobre los mejores equipos.

http://www.fantasyguru.com

40. Sitios por Membresía únicos
Este no es realmente un sitio por membresía o un newsletter, pero es un ejemplo de otro tipo de producto de continuidad. Este sistema proporciona el acceso al carro de compras, autoresponders, software de afiliados, rastreo de anuncios, y más, todo en uno, es fácil utilizar el paquete.

Va a demostrar que cada sitio por membresía tiene que ser basado en la información. A veces es basado en el software y las herramientas que se pueden proporcionar en él.

http://www.netofficetoolbox.com

Negocios 51 al 60: Sea el Próximo Bill Gates con Su Propio Software

Que hay que hacer para vivir como el hombre mas rico del mundo?
Él vende software... no es cualquier software sin embargo. Él vende el software que todos absolutamente necesitamos utilizar si desean utilizar una computadora. Si usted puede abrir este libro, será porque su computadora tiene que hacer funcionar una copia de su software - Windows.

¿Por qué software para un producto? Primero que nada, todas las decisiones de compra se basan en una de dos razones
1. Para obtener Placer
2. Para Terminar con el Dolor

Fíjese en cualquier decisión que compra que usted haya tomado recientemente... y será basada en una de esas dos razones. Usted o deseó alcanzar placer por medio del producto que usted compró o usted desea terminar el dolor que un cierto problema le ha estado causando.

34. Cada día, las computadoras están haciendo incursión en nuestras vidas. Están controlando otro aspecto de ella. Junto con este progreso también viene sin embargo la frustración de aprender a utilizarlas. Puesto que no hay cualquier cosa que cause más frustraciones en los usuarios que intentar aprender cómo usar su computadora.

El vídeo más popular en el Internet se trata de un individuo que tomaba su computadora y que la destruía. Es un pensamiento que se viene a la mentes de cada persona que lee esto.

Usted puede utilizar estas frustraciones a su favor. Recuerde, una de las razones importantes de compra de la gente es el deseo DE TERMINAR CON EL DOLOR. Ésa es la meta de muchos softwares. Puede ayudarle a terminar su dolor.

¿Qué es lo que hace un programa de procesamiento de textos por usted? Le ayuda a hacer su escritura mucho más rápida y además le permite corregirla o modificarla mas fácilmente.

Hace su trabajo mucho más fácil que su usara una vieja máquina de escribir. Para crear este libro estoy utilizando un programa llamado InfoCourier porque quita el dolor de entregarle esta información en un formato fácil leer.

¿Adivine que? La gente comprará rápidamente cualquier cosa que pueda terminar con el dolor en sus vidas y ellos lo harán sin que usted tenga que convencerlos a que lo compren.

Si pueden ver que es una solución a sus problemas, la venta se puede hacer fácilmente y sin ningún problema.

Las ventas del software son un buen negocio primario y puede también ser utilizado como corriente secundaria de ingreso de la mayoría de los sitios de la web mientras que cualquier persona que visita un Web site está interesado en un cierto tipo de software. Para ayudarlo a comenzar en este negocio, he incluido 10 negocios mas abajo con el cual me relaciono de alguna manera con la venta de software. Nueve de ellos solo soy un distribuidor para un programa del software porque hagámosle frente... el crear software no es un trabajo fácil.

No es algo que usted puede aprender para hacer este fin de semana.
Revise cada una de las siguientes ideas y le sugiero que revise también la siguiente Pág.:

http://www.associateprograms.com

51. Conviértase en un Diseñador de Software
La mejor opción por supuesto sería producir soluciones a las necesidades de sus clientes.

Esto no es un negocio fácil a comenzar sin embargo. Aprender las habilidades necesarias para crear sus propios programas le tomará años para lograrlo. Usted puede emplear a alguna persona para diseñar sus ideas del software en un Web site como por ejemplo:

http://www.rentacoder.com

52. Oro en los Web Position
Esta listo para lograr estar en las primeras posiciones de los buscadores? Si es así, este software le ayudara y hasta le hará el rastreo de todas sus posiciones en los buscadores. Le puede ayudar a subir, y analizar los resultados para así lograr el máximo trafico gratuito.

53. ViralPDF
Ahora usted puede hacer archivos PDF con su propia marca. Hasta ahora usted estaba forzado a solo ofrecer archivos auto ejecutables con su propia marca. Pero ahora usted puede enviar y obsequiar ebooks (o pagarlos) y hacer que sus usuarios agreguen sus propias direcciones de paginas Web en ellos (para motivarlos a que se vayan transfiriéndolos en forma viral.

54. Generador de PDF Instantaneo
El programa completo de Acrobat cuesta al rededor de $250 dlls, pero usted puede escoger este generador de PDF por solo $97.00. Esto le permitirá crear ebooks y archivos digitales que puedan ser ejecutados en cualquier computadora.. ya sea PC o Mac.

55. Maximizador Dinamico de Subastas
Esta herramienta le permite manejar sus subastas PPC (Pay Per Click) en los motores PPC. Una vez que halla realizado todo el trabajo con Google y Overture, entonces usted deberá expandirse a los pequeños PPC. Esto hace que la expansión sea practica.

56. Postmaster
Este es un software de automatización. Este programa es una aplicación/base de datos todo en uno. Le permite establecer filtros a inclusive verificar frases de entrada permitiéndole así tener mensajes preescritos preemitiéndole enviar una gran porción de sus emails entrantes. Este es un verdadero ahorro de tiempo para su negocio.
http://post-master.net

57. Wordtracker

Wordtracker (Rastreador de Palabras) lleva la generación de ideas provenientes de una palabra y le permite un nuevo nivel de variaciones, sinónimos, combinaciones, y mas. Inclusive le permite ahorrar salvar todas sus palabras clave en un carrito de compras para descargarse o mandarlas por email.

http://www.affiliatetracking.net/

36.58. Ezine Announcer

Una de las estrategias para construir trafico que mas me funcionan es enviar artículos a ezines. Ezine Announcer puede hacer esto automáticamente por usted. Es una forma de construir listas de ezines que aceptan artículos. Todo lo que usted tiene que hacer es hacer click en algunos botones y su articulo es enviado automáticamente.

http://www.affiliatetracking.net/

59. Arelis

Este es un programa de intercambio de enlaces (links) que lo ayuda a construir un directorio de links. Las estrategias de linking son una parte vital de una campaña de marketing y esta es la herramienta para trabajar. además puede usted usar este programa para "espiar" a sus competidores y ver quienes se están linkeando con ellos.

http://www.Axandra.com

60. Software de automatización Netofficetoolbox

El carrito de compras con el cual trabajo actualmente ofrece un servicio completo, auto respuesta para email, software de afiliados, sistemas de rastreo, y mas. Es un sistema completo de ecommerce. No se requiere tener experiencia en programación CGI o de ninguna en realidad. además corre independientemente de tu pagina web y tiene su propio personal de tiempo completo de servicio al cliente.

http://www.netofficetoolbox.com

Negocios del 61 al 70: Trabaje con video

Aunque ya hablamos de videos muy rápidamente en la sección en hacer sus propios productos de formación, deseé hacer una sección entera apenas para demostrarle algunas más ideas en esta dirección. Videos es un formato extremadamente popular a utilizar en la información que publica y eso es debido a algunas razones:

1. La mayoría de los clientes quieren información en formato de video.
2. No tienen tiempo o deseos de leer libros.
3. El video en Internet no es muy practico todavía... excepto por videos cortos.

Todo esto agrega muchas oportunidades para los emprendedores inteligentes que creen videos para pequeños nichos de mercado. Entiendase que cuando hablo de Nichos de video, estoy hablando de producir videos de bajo presupuesto enfocados a una grupo de personas bien especifico. No es una producción de Hollywood o sobre un tema que se pueda ver en televisión. Esos son dos competidores que están en otra liga.

Usted debe de escoger un mercado que los gigantes del video no les interesan. Usted no ira encaminado a las masas. Usted debe de ir a donde Hollywood no le interese por ser poco provechoso, pero que sin embargo el mercado sea lo suficientemente grande para que usted obtenga una buena ganancia.

37. No iremos a la producción completa de como hacer videos, pero me gustaría mencionarle que usted no necesita ir a comprar todo el equipo de video o tener que aprender todo al respecto antes de poder iniciar. Si usted escoge esa dirección, le podría tomar años y varios miles de dólares antes de que usted este listo para hacer su primer video.

La manera mas fácil de realizar su primer video es iniciar con una idea, y un diagrama de paso por paso para la misma, y entonces buscar el staff técnico necesario para la operación.

Puede contratar estudios pequeños que cuenten con el equipo necesario. Puede rentar un estudio. Editores profesionales pueden realizar el trabajo de edición por usted. De esta manera usted no tiene que aprender nada sobre equipos ni tampoco los tiene que comprar.

Contratar un camarógrafo por un día y después que le realicen la edición le debe de salir entre $500 a $1,500 dlls. Este es solo una pequeña porción de lo que le hubiera costado una pequeña parte del equipo necesario.

Una vez que el video ha sido producido, usted puede enviarlo a duplicación (hay miles de duplicadores de video a los cuales pueda contactar en línea usando los buscadores) e ir preparando lo que necesitara para poder iniciar inmediatamente a vender. Las tres cosas que deberá tener listas son:
1. Diseñar un website o ya tener uno para usted.
2. Preparar un Comunicado de Prensa para todas las revistas y newsletters que se enfoquen en su nicho.
3. Entonces, instale una forma de tomar ordenes... paginas de ordenes seguras y/o un servicio de rastreo.

Un vídeo como este no va a hacerle a un millonario, sino que le conseguirá comenzar su propio negocio sobre productos de información en un lapso muy corto. Una vez que usted tenga un buen concepto y la idea general del lo que tratara en el, probablemente le tomará menos de 2 semanas para conseguir este proyecto este en servicio y trabajando.

Una vez que su video le genere un ingreso y corriendo en piloto automático, usted puede empezar a trabajar para hacer lo mismo con otra idea. Después de un tiempo, usted podría crear videos nuevos cada mes o cada par de meses una vez que usted tenga el sistema dominado (entonces usted puede pensar en adquirir su propio equipo).

Yo no le diré que videos debe usted de hacer, pero si quisiera prenderle el foco sobre que puede empezar a trabajar. Quisiera darle algunas ideas para que su cerebro empiece a trabajar y empiece a generar ideas de lo que puede hacer.

Es lo mismo que para un libro electrónico. No le daré instrucciones detalladas ni le diré que negocio debe usted iniciar o usar como medio de ingreso extra. Yo solo tengo una meta en mi cabeza y es: Quiero ayudarle con algunas ideas para que inicie su propio negocio. Quiero mostrarle cuantas ideas hay por ahí. Entonces, usted podrá encontrar exactamente lo que usted quiera hacer!

61. Como Hacer…
Aqui hay algo que usted sepa como se hace? Seguramente si!, Bueno, el tipo mas común de nicho de videos es simplemente un video que muestre como hacer algo. Tal vez usted pueda enseñar como crear un web site, o como reparar un motor. Puede ser como tejer, o como jugar ajedrez. Puede ser un video de Cómo Hacer Cualquier cosa que usted sepa como hacerlo (o que usted pueda conseguir a alguien que muestre como hacerlo por usted): Solo asegurase de que no sea algo que se encuentre disponible por televisión o en otra parte. Tiene que ser único.

62. Eventos
El video mas rápido puede ser el ir a un evento como un show o exposición de productos.

Si usted recibe permiso por adelantado para filmar el evento (es tan simple como enviar una carta y llamar al promotor del evento), entonces usted podrá ir por el evento filmando y entrevistando a las personas de los diferentes estands. Hay miles de esos eventos alrededor del país, así que usted podrá encontrar alguno cerca de usted y usted podrá hacer un video que sea interesante y excitante.

63. Software
Recuerda su frustración cuando intento aprender a usar un nuevo programa de software? Es mucho dolor en la mayoría de los casos. Esto significa una cosa para los emprendedores; oportunidad. Los videos pueden tratarse sobre como usar estos programas y hay muchos de ellos que no son comprendidos por los usuarios, especialmente por los programas que se relacionan con el Internet (programas que pueden ayudarlo para realizar un negocio o mejorar la calidad y el tiempo de realización de un trabajo).

64. Tecnología
La nueva tecnología siempre viene con nuevos problemas, y casi siempre acompañada del factor de frustración. Usted puede enseñar como usar tecnología fácilmente y evitar problemas con ella. Piense en nuevas herramientas con las cuales trabajar y mantenga sus ojos bien abiertos. Por ahí encontrara nuevas oportunidades cada día.

65. Demos

Muchas compañías han empezado a manejar catálogos en video o video demos de sus productos: este trabajo especializado le puede hacer ganar buen dinero. Es algo difícil vender en línea por algo significativo, pero bien puede dejarle ganancia. Tiene que darlo a un precio bajo: Gratis, $5, $10, o $20 dlls. Entonces, deje que su video haga las presentaciones por usted.

39.66. Seminarios

Hay cientos de seminarios que se realizan cada semana. Usted se puede presentar al promotor y ofrecerle filmar el evento gratis, y darle a el los derechos para todos sus videos siempre y cuando usted también sea poseedor de los derechos. Esta puede ser una forma sencilla para poder tener su propio video terminado que se trate sobre un tema popular (si es lo suficientemente popular como para que den seminarios).

67. Hobbies

Yo les digo esto a las personas todo el tiempo cuando me preguntan que es lo que pueden en su negocio desde casa, "Hagan algo que realmente disfruten!" Que hobbies o pasatiempos tiene? Cualquiera de sus hobbies puede ser presentado fácilmente en video. Si usted entrena perros, pinta, o diseña caricaturas, debe de haber mercado para su video. Mire en las revistas que se apliquen a su tema y piense en ideas leyendo artículos y viendo anuncios.

68. Dolores

Las personas compran por dos razones: para obtener placer o para librarse de algún dolor. Busque un problema que aqueje a muchas personas y cree un video que sea informativo sobre posibles soluciones. Para los emprendedores los dolores no son dolores son oportunidades de nuevos productos. empiece a buscar problemas (seguramente le tomara 5 segundos), y empiece a buscar soluciones.

69. Sueños

Haga un video sobre los sueños de las personas... Como viajar por el mundo, Los mejores hoteles, como tomar un crucero. Restaurantes locales que sean románticos, etc. Déle a la gente ese "sueño" en el que constantemente están pensando y diviértase con el.

70. Por Contrato

Haga videos para otras compañias. En esto si se requiere que usted aprenda el trabajo de la cámara y edición, pero le puede proveer una buena fuente par aun ingreso extra para cualquier negocio de videos. Hay muchos negocios a los que les gustaría que una compañía les hiciera todo el trabajo y que a cambio les cobre un porcentaje de las ganancias en un arreglo de sociedad.

Negocios del 71 al 80: Únase a una Cadena de Distribución

Las Cadenas de Distribución o Programas de Asociados son una de las mejores formas de agregar múltiples canales de ingreso a cualquier sitio web. Sin embargo usualmente no recomiendo que se utilice un programa de asociados como producto principal, pero le pueden crear un ingreso secundario importante de ganancias para cualquier pagina web.

40. Es mejor para usted tener cierto tipo de producto único, de servicio, o de artículo que usted tenga los derechos de reimpresión como a su producto principal de modo que usted pueda ganar a la mayoría de los beneficios en la primera venta a sus clientes (esta primera venta es también la más costosa de hacerles). Los programas de asociados en promedio le dejan solamente ganar entre el 10% al 40% del dinero pagado de sus ventas, así que es mejor que usted cuente con un artículo principal que le deje un más alto porcentaje como su producto principal.

Con los derechos de reimpresión cuestan $1,000 dlls o menos en la mayoría de los casos, ahí es a donde miraría primero para mi producto principal y así comenzar un negocio.

Entonces, encontraría programas de asociados para ayudarme a crear ganancias adicionales extras que me ayuden a soportar mi tema principal.

Escogiendo El Programa de Asociados Correcto para si Sitio.

Existen tres preguntas importantes que se debe preguntar cuando busque un programa de asociados:

1. Este encaja en el tema de mi negocio?
Quédese con un tema. Discutimos esto en el primer capitulo. Usted debe de encontrar un tema y mantenerse en el. Usted vera que hay muchos web sites que se han convertido en un lugar para listar un montón de programas de asociados. No permita que esto le pase. asegurase de tener solo un tema y una estrategia en su sitio completo.

No venda productos de nutrición y software en el mismo sitio. Esto no funciona y solo confundirá a sus prospectos. Todo en su sitio debe de contener un flujo consistente y sentirse así.

2. Este es un buen producto o servicio?
asegurase de que lo pueda usted recomendar entusiastamente. Usted ama el producto o solo esta tratando de ganar dinero con el? La gente podrá sentirlo en su presentación. asegurase de que este sea un producto que le pueda recomendar a su familia (si se aplica a ellos).

3. Paga bien?
Usted no puede ganar dinero si el programa no paga. Déle un vistazo al plan de comisiones SOLO después de haber contestado las primeras dos preguntas. No brinque a un programa solo porque se ve que paga bien. Si este no encaja en su sitio o no maneja un buen producto, deberá dejarlo de cualquier modo!

Mas adelante vera algunos ejemplos de sitios de afiliados para que usted pueda darles un vistazo (todos escogidos de industrias completamente diferentes para darle una idea de lo que hay por ahí). Nosotros no recomendamos específicamente a ningún programa en particular.

41.**71. Automóviles**
En Autoweb.com usted puede ganar una comisión por referir clientes potenciales que compren autos o por personas que pongan anuncios para vender sus automóviles usados.
http://www.autoweb.com

72. Libros
Amazon.com es el web site mas conocido por vender libros en línea y actualmente tiene mas de 500,000 afiliados.

73.Productos Nutricionales
Este sitio no solo le permite ser afiliado, sino que además tiene un programa de envíos directos a sus clientes, de manera que usted pueda construir su base de clientes... y venderle a sus propios clientes mientras que ellos hacen todo el trabajo de seguimiento y envió del producto.
http://www.discountnutrition.com/dropshipping.html

74. Revistas
Este sitio tiene una de las mas grandes selecciones de revistas disponibles y ahora usted puede ganar dinero al referirle a otras personas,
http://nbaf.com/affiliate.html

75. Productos de información
Usted puede promover mi colección de mas de una docena de productos de entrenamiento en Mercadotecnia por Internet y servicios. Cuando usted promueve, su primera venta a un cliente es solo el principio. Cuando uno de sus clientes compra mas productos de nosotros, usted continua ganando comisiones por cada compra que realice en el futuro.
http://MakeBuyingEasy.com

76. Perfume
Fragrancenet tiene mas de 1,000 fragancias diferentes para usted y para sus ganancias si es que este tema se ajusta al tema de su sitio web.
http://www.fragrancenet.com/

77. Golf
El golf es la pasión para millones de personas y ahora usted puede ganar un dinero extra vendiendo cursos de golf a sus clientes y visitantes.
http://www.1877alesson.com

78. Bass Pro Shops
Bass Pro Shops es en donde se usted puede vender todos los aditamentos para pesca y ganar un poco con las ventas resultantes de sus referenciados.
http://ww2.basspro.com/affiliates/befree/befree-pitch.htm

42.**79. Viajes**
Inntopia le permite ganar comisiones en viajes de lujo que sus visitantes tomen.
http://www.inntopia.com/products/twotier.html

80. Mandado
Este es un ejemplo de que se puede vender cualquier cosa en un programa de afiliados. Este le permite vender mandado en línea.
http://www.ethnicgrocer.com

Negocios del 81 al 90: Cree su Propia Lista de Emails Opt-In

Déjeme revelarle a usted exactamente lo que hago paso por paso para hacer dinero en línea.

Si usted presta atención cuidadosamente, éste podría ser el libro más importante que usted leerá en su carrera de negocios en línea.

Podría entrar una discusión complicada de lo que hace esta persona o de lo que lo hace esa persona. Hay muchos de pequeñas giros que la gente hace en la mercadotecnia para hacerla más eficaz. ¡Usted debe nunca parara de aprender... PERO lo qué voy a mostrarle usted es hoy un sistema SIMPLE todos a los que conozco que están haciendo el dinero en línea lo están siguiendo!

Si usted quiere aprender mi fórmula simple de 3 pasos para crear riqueza en línea.... Siga leyendo:

1. Genere Trafico para su Negocio.
Primero tendrá que hacer que su negocio este expuesto. Esta es también la mayor pregunta que constantemente le hago a las personas que me preguntan, "Como puedo obtener mas trafico para mi Sitio?"

El secreto para obtener trafico es actualmente tan sencillo que la mayoría de la gente se lo pierde. Si usted quiere trafico en su web site, déle a la gente una razón para venir a su website! Que es lo que les dará una vez que estén allí?

Lo mejor que les puede dar es CONTENIDO GRATUITO. No estoy hablando de solo poner reportes gratis, el cual es un buen principio. Encuentre algo en su industria que todos necesiten en línea (Listados de Ezines GRATIS, Cursos en línea de capacitación GRATIS, etc.) Escoja una buena idea que le ayude a que la gente se enlace con usted por medio de links.

Su usted pasa el suficiente tiempo en foros hablando con las personas en su industria, entonces encontrara algo ACTUAL que todos necesiten que usted pueda ofrecerles gratis en su sitio. Una vez que usted tenga algo como esto, el contador de trafico en su pagina llegara al cielo!

2. Inicie Su Propia Lista Opt-In.
Inicie su propia Lista Opt-In, Pero No Haga SPAM. Para aquellos que no saben lo que es "spam", es la practica de estar enviando emails a cientos de millones de personas que no lo solicitaron o que nunca antes contactaron a su compañía.

Estoy seguro que usted ha recibido Spam... todo mundo ha sido afectado por ello.

Personalmente yo recibo alrededor de 50 o mas al día de estos emails vendiendo cualquier producto o servicio que ellos tienen para ofrecer. Los borro todos, pero siguen llegando. Ellos usualmente (por no decir siempre) escritos muy pobremente y llenos de mensajes tontos. Muchos son para vender productos. He recibido emails de muñecas, carros, créditos, cuentas para aceptar tarjetas de crédito, y muchas cosas mas. Y por mas que las borro siguen llegando mas y mas.

Porque hay mucho email de spam? Si todo mundo los borran porque los siguen enviando?

Es sencillo. A pesar de que el rango de respuesta es extremadamente bajo, aun siguen recibiendo ordenes para sus productos o servicios. El costo financiero en enviarlos es casi nulo,, así que sigue siendo visto como un buen vehículo de publicidad. Algunas ventas son mejor que ninguna, cierto?

Falso… En todas las ofertas del los emails, usted nunca ha recibido el otro lado de la historia. Que es lo que pasa después de que envían un montón de emails? Usted puede perder a su proveedor de servicios de Internet, sus paginas web, sus direcciones de email, y mas. Unas cuantas quejas (las cuales le llegan aunque usted trate de esconderse) y su servidor cancelara su cuenta.

Y eso que no hemos tocado todavía su reputación y las ramificaciones legales de enviar emails no solicitados. Actualmente, muchos estados tienen leyes muy severas y estados unidos acaba de aprobar otras tantas, que usted no vive en estados unidos? Pues resulta que son delito federal y puede hasta perder su visa por solo enviar correos no solicitados.

Si usted esta pensando en enviar emails por spam, no lo haga. Hay MUCHAS formas mas efectivas para publicitar sus productos o servicios en la red y no es necesario que corra riesgos con el envió de spam. Que Puede Hacer?

Le puedo decir en un solo enunciado que es lo que pude usted hacer en vez de enviar emails… "Usted debe de empezar a construir su lista de emails Opt-In HOY!"

La publicidad por email es efectiva. Es por eso que mucha gente usa el Spam. Le puede producir ventas constantes en su negocio!

Siempre veo a alguien tratando de construir un negocio en línea sin desarrollar una lista Opt-In, estoy segura de que están tirandose al piso ellos mismos. Es posible que usted inicie su negocio en línea sin una lista, pero PORQUE QUERRIA HACERLO?

Enviar emails es gratuito. Inclusive si usted tiene que comprar un servicio de listas o algún otro tipo de aplicaciones para su email, le tomara solo un par de cientos de dólares al año enviar una cantidad ILIMITADA de comunicados a sus prospectos y clientes . Vaya a su oficina postal mas cercana y pregunte si usted puede enviar todo el correo que quiera enviar por una cantidad pequeña de dinero. Le garantizo que se van a reir de usted!

Las listas de email Opt-In son la onda del futuro. Son la forma mas sencilla es por medio de su propia ezine. Si usted no tiene una ahora, USTED debe de tener una en el futuro si es que quiere ser competitivo en el Internet marketing.

Usted puede ofrecer una mensual, semanal, o inclusive diaria, cualquiera que sea buena para usted. Si no puede escribir sus propios artículos, por ahí hay docenas de personas que lo dejarían a usted usar el suyo gratis. Solo pregunte! Es muy sencillo empezar una ezine, y muy lucrativo, usted NO tiene excusa para no hacerlo si en realidad es usted una persona que quiera tener su negocio en Internet.

3. Use los Siete Canales de Ingresos.

En este corto espacio Le voy a mencionar solo 2 de ellos los cuales le GARANTIZO le producirán un ingreso mensual y residual para usted no importa que tipo de negocios es el que usted inicie.

El primer ingreso mensual para su ezine son sus propios productos y servicios. Cada mes usted podrá ofrecer alguna oferta especial sobre un NUEVO producto o servicio O ofrecer un bono especial que acompañe el producto.

Mientras que el envió de email al por mayor tiene un rango de conversión horrible, las listas Opt-In de sus suscriptores tiene un muy buen sabido rango de conversión que va desde el 1% al 10%! Piense en ello.

Si usted tiene un producto que cueste $97 dlls el cual le ofrece a una lista de solo 2,000 personas, y tiene un rango de respuesta de el 1%, entonces usted puede tener un ingreso de $1,940 dlls! Si usted recibe un rango de respuesta del 2%, usted tendrá un ingreso de $3,880! ADEMAS, Usted puede hacer esto cada MES o hasta cada semana!

Y que tal si su lista es de 50,000 miembros? Yo se de listas de emails que tienen mas de 600,000 o mas miembros en ellas. Si solo tiene 2,000 suscriptores la cual es realmente pequeña y que puede ser construida en 2 o 3 meses incluso sin mucho presupuesto para publicidad.

El segundo canal de ingresos de su ezine son los anuncios clasificados. Mientras usted haga crecer su lista, usted podrá darle oportunidad a otras personas la oportunidad de comprar un espacio publicitario. Usted puede vender anuncios por $20.00 dlls a la semana, y vender 10 anuncios a la semana, usted podría estar ganando $800 al mes en publicidad por clasificados. Esta no es una gran suma de dinero, PERO es un ingreso residual que entra cada mes.

45.Ahora, piense cuando usted ponga los otros canales de ingreso a trabajar para usted en su lista Opt-In… Que podría pasar entonces?

NO Se Aceptan Excusas…

Usualmente cuando le digo a las personas sobre iniciar sus propias listas Opt-In, me dan una de estas tres excusas.

1. No saben como.
Usualmente le tengo menos paciencia a esta excusa, porque todos nosotros tuvimos que aprender en algún punto como hacerlo. No creo que nadie haya brincado al Internet y de repente supiera exactamente que hacer en cada paso del camino. De hecho, Estoy segura que no sabían.

Hay muchos recursos en línea para aprender como iniciar su propio ezine. Docenas de ezines salen cada semana hablando sobre el tema que a usted le interesa.

La ignorancia no es una excusa. Usted puede aprender como construir su propia lista Opt-In y puede aprender como tener ganancias con ella. No me haga escuchar esa excusa otra vez!

2. No puede empezar sin mucho contenido.
Quizá, usted no cree poder empezar con mucho contenido, porque usted no es escritor.

Primero que nada, espero que usted sepa mucho sobre cualquier tema que se relacione con su negocio. Lo que usted está vendiendo... cualquier problema que usted este solucionando... puede ser la base para mucho de su contenido.

La segunda cosa que usted puede hacer es usar el contenido de otra persona. Hay cientos de publicistas de ezines que le permitirían usar sus artículos mientras que usted deje su información en un anexo al final de todos sus artículos. Todo lo que tiene que hacer es preguntarles y la mayoría lo dejara usar sus artículos gratis.

3. Hay muchas ezines y newsletter por ahí.

Quien le dijo que una lista de email Opt-In tiene que ser una ezine? Cuando hablo de una lista de emails Opt-In, no tiene que ser forzosamente una ezine, cierto es que es la aplicación mas popular. Pero yo le daré 10 ideas con las que puede iniciar HOY! Si usted no ha iniciado de una forma u otra hoy el menos tendrá una idea para iniciar, la cual es para que usted inicie en un futuro próximo. Tener su propia lista Opt-In es tan importante para la efectividad de su negocio en línea que yo lo estresare a usted porque es importante que inicie Hoy si es que quiere triunfar con su negocio en línea.

81. Ezine
Esta es la base de la mayoría de las listas Opt-In. Usted puede empezar una ezine sobre cualquier tema (una ezine es simplemente una carta con información que se envía por email). En su ezine, usted proveerá de información gratuita sobre cualquier tema en especifico. Para ver ejemplos de ezines vaya a http://www.ezine-universe.com/ ahí encontrara mas de 3,000. Subscríbase a algunas de ellas para tomar ideas de que es lo que debe de hacer con su ezine.

82. Tip del día
Muestras de estas listas Opt-In incluyen "chiste del día" o "Receta del día". Cree cualquier tema y pongalo en este espacio en blanco "_____ del día". Ahora vaya por ahí y encuentre un sitio especifico para cada día para enviar a su lista. Construya una relación con sus prospectos con esta simple idea.

83. Actualizaciones
Si usted no puede encontrar una idea para la ezine de su lista o simplemente no quiere invertir tiempo para una ezine semanal o mensual, envié las actualizaciones que usted le haga a su sitio. Si usted agrega un producto nuevo o servicio, envié una noticia corta a todos sus suscriptores.

NOTA: Para este tipo de lista, usted definitivamente deberá de incluir un Bono GRATIS para las personas que se suscriban y asegurase de mencionar el bono siempre que usted envie actualizaciones para que las personas recuerde su suscripción.

84. Listas de Recursos
Esta es otra idea simple de como usar su lista Opt-In. envié listas de recursos gratuitos para usar en su industria para todos sus suscriptores. Lo que la hace mas simple es que usted agregue los sitios que usted visite a su listado de favoritos mientras que usted estudia su

mercado en línea. Entonces, utilice sus lugares favoritos como la base de sus listas y envíeselos a todos.

85. Diarios

Me he enterado que este formato es usado mas y mas seguido últimamente. Básicamente, todo lo que tiene que hacer es enviar un diario cada día sobre como le fue en su negocio ese día. Puede platicar como encontró un nuevo proveedor ese día, como hizo mas ventas, como encontró información gratuita sobre un tema especifico, etc. Las personas que usan diarios para sus negocios pueden construir una fuerte relación con sus lectores si es que son una publicación de lata calidad y contiene buena información.

86. Cartas Amistosas

Si lo usa apropiadamente, este puede ser una de los mejores formatos de todos. Usted envía su carta semanal o mensual a sus suscriptores en un formato personal (es mejor si utiliza un programa CGI o un servidor de listas que personalice los emails). Hay que escribir buena información para sus lectores puedan usar como herramientas de ventas, referencias, etc. Los anuncios son raramente usados en este formato, porque usted quiere mantener el toque personal en esta carta que da la apariencia de estar escrita especialmente para quien la recibe.

87. Clases en Línea

Cree una clase cada 6 semanas, 12 semanas, 24 semanas, etc. La cual es enviada por email cada semana. En esta usted seguramente querrá asegurarse de usar algún tipo de seguimiento por medio de auto respuestas automatizado como Aweber para que haga el trabajo. Entonces, usted usted salva las direcciones de email de la clase completa y enviarles actualizaciones con información sobre futuros entrenamientos con publicidad para su negocio o alianzas de negocios que haya establecido.

88. Magazine Site

Muchos webmasters han empezado a cambiar a ezines las cuales son publicadas en un web site con formato de revistas. De esta manera pueden agregar fotografías, formato de texto, y cualquier otra cosa que se pueda agregar en un formato de pagina web. La ventaja de este método es que usted puede incluir mayor información en un formato mas sencillo de leer.

La desventaja es que muchas personas no la leerán, porque tienen que ir al sitio cada mes en lugar de solo entrar a su mailbox. Si usted utiliza este método, asegurase de mantener la lista de emails de sus suscriptores para poder avisarles cuando cada adición esta lista.

89. Audio Mensual

Si usted prefiere, puede hacer una presentación en audio cada mes en lugar de escribir., entonces debe de pensar en utilizar Real Audio para crear audio para su web site el cual debe de estarse actualizando cada mes. Entonces, envié un email a su lista y hágales saber cuando el nuevo mensaje mensual esta listo y cuales son los beneficios que les ofrece.

90. video Mensual

Es la misma idea que con el audio, solo que en video. El mayor problema con ambos métodos es la lentitud de las conexiones de muchas personas y el hecho de que deben de instalar un nuevo software para ver o escuchar su material, aun que sea gratuito. Con el tiempo, usted podrá esperar que el Audio y el video se vuelvan mucho mas comunes en el ambiente web.

Negocios del 91 al 100: Cree un Ingreso Residual

No seria maravilloso el recibir un ingreso de $1,000, $5,000, $10,000 dlls o mas MENSUALMENTE el cual es consistente mes con mes sin tener que vender ningún otro producto o servicio?

Y no se preocupe… No estoy hablando de mercadeo en multinivel o tratando de reclutarlo para alguna oportunidad.

En el Internet a esto se le llama "Sitio por suscripción", usted puede hacer esto muy sencillamente. Puede usted crear un website, vender suscripciones a el, y dejar que el dinero llegue cada mes por el resto de su vida.

Antes los sitios por suscripción usados eran solamente los que eran para adultos, pero esto se ha convertido rápidamente en algo común para cada industria en línea. Es un hecho, yo conozco un sitio que trata sobre la bolsa de valores que vende suscripciones por $300 dlls al mes y tienes miles de suscriptores. Haga numeros e imaginese un ingreso como ese.

He visto modelos exitosos de sitios por suscripción no solo para la industria de los adultos, sino de noticias, valores, Internet marketing, promoción de websites, newsletters, y recursos específicos de las diferentes industrias. Prácticamente cualquier mercado tiene lugar para sitios por suscripción. Pero para poder ser exitoso, definitivamente tendrá que ofrecer información o herramientas únicas para todas las necesidades en el mercado. Por ejemplo, si se va a suscribir en una newsletter pagada, esta definitivamente deberá proveerle información única que no encontrara en ninguna otra parte Y además deberá incluir bonos que vayan con cada ejemplar que al menos tengan el valor del precio de la suscripción por si misma.

Recuerde, la mayoría de la información y muchas de las herramientas que usted venderá en su sitio puede ser encontrado gratis si sus visitantes realizaran una búsqueda ardua y bastante extensa en la red. La clave es que usted tendrá que presentarla u organizarla de una manera que sea mucho más fácil de utilizar y más fácil de entender a lo que seria si fuera encontrado en cualquier otro lugar.

C-Net reporta que solo el 10% de los usuarios de Internet están dispuestos a pagar por el acceso a un web site, PERO ese numero va creciendo cada día. Las personas se empiezan a sentir frustradas al tener que buscar en un millón de sitios para poder encontrar lo que quieren. Si usted se los puede proveer en un formato fácil de usar, entonces usted puede obtener ingresos al ayudar a las personas por ayudarlos a liberarse de las frustraciones del Internet.

Para algunas ideas rápidas en este tema, vea estos diez negocios que puede iniciar con un sitio por suscripción.

91. La Fuente Total

Este tipo de servicio por suscripción es cuando usted puede recopilar en un lugar la información que cada uno necesita para iniciar hoy un negocio específico y para proporcionarle la ayuda. Por ejemplo, un sitio muy exitoso por suscripción de Internet marketing que conozco le da la información de la comercialización por Internet, software que se puede descargar, productos para venta, tableros de discusión para conocer otras personas que se dedican a los mismo, y más. Se convierten en una parada obligatoria para cubrir las necesidades sobre las herramientas y pasos que requieren cubrir antes de iniciar. Usted puede hacer lo mismo en el campo que usted seleccione.

92. Listas de Recursos

Si usted puede recolectar una lista completa de recursos necesarios para una industria y la mantiene actualizada cada semana, entonces tiene usted un sitio con potencial para convertirse en un sitio por suscripción. Esto ha sucedido con sitios que listan anuncios clasificados, recursos de empleo, fuentes al mayoreo, sitios de ahorro de dinero, etc. Inicie con una idea respecto a una lista que todo mundo este buscando y tal vez usted encuentre un ingreso residual.

93. Herramientas de Promoción.

Linkomatic, AWeber, Submit It, y mas han encontrado su nicho. Ellos crearon una herramienta que ayuda a las personas a promocionar sus sitios en línea, y las personas les pagan una mensualidad por usarla. Si usted puede crear o encontrar una herramienta única para promocionar eficazmente a incrementar el trafico en las paginas de las personas, tal vez entonces tenga garantizado un sitio por suscripción que sea realmente exitoso.

94. Generacion de Prospectos.

Genere prospectos para un tipo de negocios específicos en línea y usted tendrá el sitio por suscripción con que la GENTE que esta en línea sueña. Si usted puede generar prospecto tras prospecto de personas que buscan un producto especifico, compañías en esa categoría querrán entrar a su sitio. Esta es otra de las frustraciones para los usuarios de Internet. No pueden crear prospectos, y ellos los requieren para ganar dinero en línea. Si usted puede, entonces vea como esto le genera ingresos a usted.

95. Audio Banco

Haga un seminario en línea. Grabe las entrevistas con los lideres de la industria y haga un audio banco en línea. El costo $0 de entregar un audio en línea le puede ayudar a construir un lucrativo club de "Cinta del Mes" en su industria sin los gastos por duplicación y por envió.

96. Video Banco

Haga lo mismo pero con videos. Grabe un nuevo video cada mes o cada semana que contenga información valiosa y difícil de encontrar. Mientras la velocidad de los accesos de Internet que los usuarios tienen, este se volverá uno de los mas populares.

97. Web Cams

Sitios únicos e interesantes sobre web cam se han convirtiendo en lucrativos para los sitios por suscripción el año pasado. La clave consiste en proveer contenido gratis mientras empieza con la suscripción pagada, y así hacer que todos sus suscriptores estén dispuestos a pagar mes con mes.

98. Newsletters

Como puede usted hacer que una newsletter en línea le genere ingresos si hay miles de personas que los hacen GRATIS? Si es única ganara otra vez. No solamente la información deberá de ser la mejor que se pueda conseguir, sino que también deberá de proveer bonos gratuitos con la suscripción que sean del mismo monto que la gente esta pagando por la suscripción. hágales saber que ellos obtienen mas VALOR de lo que ellos están pagando.

99. Servicios de Web

Vender servicios de web es probablemente el articulo mas popular de los que se manejan por suscripción. Cada negocio debe de tener un web site, y usted puede obtener ganancias con ello prácticamente en cualquier industria. Hay por ahí muchos servicios de web que pagan comisiones por distribución., pero en mi opinión Doteasy es uno de los mejores ya que el costo por hospedaje es gratuito, solo paga usted el costo del registro de dominio

http://www.doteasy.com/index.cfm?A=barbosay1

100. Sitios Por Minuto

Por mucho, los mas excitantes y lucrativos sitios por suscripción son aquellos sitios que cambian su información minuto a minuto. Sitios como los de bolsa de valores, materias primas, y otros nuevos que se actualizan constantemente son aquellos que generan mayores ganancias (algunos hasta $2,000 dlls al mes) y que tienen la mayor cantidad de suscriptores.

Si usted se encuentra envuelto en una industria que NECESITA de información que se modifica constantemente, tal vez tengo en sus manos el negocio mas exitoso que se puede correr en línea.

Negocio 101: Mercadotecnia por Alianzas Estratégicas

Le gustaría ganar $100,000 en UN día?
Las alianzas estratégicas son la forma mas fácil y rápida para hacer MUCHO dinero en línea.

Para ponerlo mas fácil, las alianzas son cuando una compañía que a desarrollado una lista de clientes hace un patrocinio con los productos o servicios de otra compañía compartiendo las ganancias.

Esto se basa en una de las reglas de negocios, "Las personas prefieren comprar de alguien a quien conocen y en quien confían". EL valor mas preciado que usted tiene en un negocio es la relación que usted ha construido con sus clientes. Este es un valor que no puede ser medido en valor de dólares o de dinero. Si usted aprende como acreditar su negocio, este valor valdrá oro puro.

Digamos que por un momento que usted renta una lista de direcciones a un corredor de listas. Usted planea cuidadosamente su oferta y prepara una muy buena carta de ventas. Su campaña es todo un éxito y le genera una respuesta del 1 al 3% por su oferta. Esta ha sido un proyecto de vetas muy bueno, pero con esos números tal vez no gano nada o gano muy poco.

La mayoría de las veces usted no gana mucho en la primer venta a un cliente. En realidad en realidad en las ventas subsecuentes en donde realmente gana dinero. Hay que estar dispuesto a perder dinero en 10,000 clientes al mes para que luego puedan ganar dinero en las ventas secundarias o subsecuentes.

Usando ofertas con alianzas usted puede cambiar completamente los números. Una alianza puede lograrse en esta instancia con el propietario de la lista haciendo un trato para que el producto sea comercializado a si lista. Lo único que el dueño de la lista tiene que hacer es escribir acerca de lo grandioso que es el producto, su incomparable servicio, la alta calidad del producto y lo importante que considera que este trato puede ser. Solo se requiere que el propietario escriba una pagina y que le agregue la misma carta como la que hablamos antes.

Ahora, Esta misma oferta (solo una hoja o pagina con el endoso del propietario de la lista) tiene que vender 10 VECES mas productos que con una email en la misma lista. Esto significa que es posible que esta oferta le aumente de solo un 1% al 3% de respuesta hasta un rango de respuesta del 10% al 30%!!! PORQUE? Las personas de la lista le tienen mucha mas confianza al propietario de la lista porque ya han realizado negocios con el anteriormente y están dispuestos a hacerlo de nuevo basados en su recomendación.

Vamos a hacer números de nuevo. Si usted vende un producto en $97 dlls a una lista de 10,000 personas con correo directo, y recibe un rango de respuesta del 1%, entonces realizara 100 ventas. Esto le puede generar un ingreso de $19,700 dlls. Si la renta de la lista le costo $10,000 (lo cual es muy probable) y sus gastos causados por el sistema de ordenes mas el producto mismo le costo otros $5,000, entonces usted realmente gano $4,700 dlls después de pagar le renta de la lista. En otras palabras, sus ganancias pudieron ser decentes, pero nada como para ser recordado como un gran éxito.

52. Ahora, vamos a hacer la misma campaña y hacemos una alianza. El endoso del duelo de la lista le genera un rango de respuesta del 10% en la campaña. Usted realizo 1,000 ventas.

Esto significa un ingreso neto de $197.000 dlls. El costo de la lista se mantiene igual u el costo por el sistema de ordenes y el producto mismo ahora fue de $50,000. Entonces usted ha ganado $147,000 dlls de ganancia. Usted tuvo un acuerdo de dividir la ganancia con el dueño de la lista en un porcentaje de 50/50 y entonces cada uno gano $73,500 dlls, no es este un mejor trato?

Ambos, el dueño de la lista hicieron varios miles mas de los que usted podría haber hecho si no se hubiera asociado con esta asociación. Pero además, mas clientes podrán tomar ventaja de sus maravillosos productos (estoy asumiendo que son maravillosos o de lo contrario usted deberá de conseguir otros).

Esta es una relación GANAR-GANAR para cada uno que este envuelto en el proceso. Le gustaría saber como puede impulsar sus ventas en un futuro y sin correr NINGUN RIESGO en el proceso? Si el dueño de la lista tiene una newsletter que envía a sus clientes regularmente, el puede incluir la oferta de su producto como un extra y así no tendrá NINGUN costo adicional que agregarle. La oferta completa puede No correr ningún riesgo Para usted o para el dueño de la lista y les puede generar una ganancia de cientos de miles de dólares para ambos.

Que puede hacer esto por su negocio?
Todo…

Si usted es el Dueño del Producto Hay miles de web sites por ahí que tienen ya una buena relación con sus clientes. Ellos tienen listas de emails Opt-In, tableros de discusión, o paginas con visitantes regulares. Ellos están dirigidos a clientes activos que usted necesita y de los cuales esta buscando para su negocio. Si usted quiere IMPULSAR su cartera de clientes y compartir las ganancias de sus productos con ellos, usted puede construir un negocio en línea casi al instante.

Si Usted es el Dueño de la Lista: Si encuentra una oferta de algún producto la cual se la envié a sus 10,000 suscriptores de su newsletter con los elementos necesarios para una alianza, usted puede ganar instantáneamente unos miles de dólares y encontrar una nueva fuente de riqueza. Esto puede ocurrir mientras ayuda a sus suscriptores y sin tener que gastar un centavo, ni un minuto en desarrollar un nuevo producto.

Si Usted No Tiene Ni un producto Ni una Lista: Inclusive si esta iniciando desde cero, usted puede tomar ventaja de los principios de la Comercialización por Alianzas. Usted puede ser un mediador que se dedique a encontrar a dueños de productos con duelos de listas y presentarles la oportunidad. Si usted esta trabajando por una comisión, usted puede generar fácilmente ente el 10% al 30% de las ganancias del trato!

Como encontrar estos tratos?
Hay una cantidad infinita de maneras de encontrar este tipo de tratos y desarrollarlos, Pero quiero ayudarlo a iniciar y generar algunas ideas para usted con estas 3 técnicas:

1. Busque tratos con los publicistas de ezines. Muchos de ellos tienen 10,000 o mas suscriptores y envían emails a sus listas cada semana (algunos hasta diario). Mas de 3,000 de ellos se encuentran organizados en una industria que puede ser encontrada en http://www.ezine-universe.com.

2. empiece a participar en grupos de discusión. Usted puede incursionar en el mercadeo en red para participar en lo que será la forma de trabajar del próximo siglo.

3. realice una búsqueda en los buscadores como www.yahoo.com. Encuentre docenas de socios potenciales en cualquier negocio que estilice las mismas herramientas que tenemos disponibles.

Como Contactarlos:
Una vez que haya encontrado a sus clientes potenciales, prepare una carta y envíela por mensajeria a la persona encargada de tomar las decisiones en la compañía. Dígale que usted tiene una forma de impulsar el valor de su negocio para generar ganancias inmediatas. No tendria ningún costo para el. Entonces, llámele. Preséntese usted mismo y empiece una entrevista con el. Pregúntele sobre su compañía, sus ventas, su negocio, etc.

Comparta información que usted ha aprendido aquí y establezca un trato que les genere la máxima ganancia para ambos.

* El autor de este magnifico ebook/reporte es el Sr Terry Dean, uno de los mejores Coach sobre Internet Marketing de Estados Unidos, el cual tiene su pagina www.bizpromo.com, ahí puede accesar a más información sobre el y los servicios que ofrece.

Suscríbase al Boletin de MarketingModerno.com
Usted recibirá recursos, herramientas, tips, articulos, ebooks gratis, e información valiosa que le ayudará a comenzar su propio negocio web, o si ya tiene uno, le dará mas ideas para generar multiples ingresos adicionales. Suscríbase Ya en
www.MarketingModerno.com